أبي

اللهم ارحم ابي واجعل المسك ترابه والحرير
فراشه واجعل قبره روضة من رياض الجنة
واغفر له وارحمه برحمتك ياآرحم الراحمين

**Cette page est laissée vide
intentionnellement.**

Publics concernés par cet eBook

Ce guide pas à pas peut intéresser plusieurs populations IT :

- DSI /IT Manager /Cloud Program Manager
- Consultant /Architecte Cloud Azure
- Administrateur /Ingénieur Cloud
- Cloud Automation Geek ☺.
- Toute personne désirant prendre en main l'interface Azure CLI 2.0 et apprendre à créer des scripts d'automatisation pour Azure RM (Azure Resource Manager).

Connaissances souhaitables

Aucune connaissance technique particulière n'est requise, en revanche les connaissances suivantes sont souhaitables :

- Connaissances de base sur Microsoft Azure
- Connaissances de base sur les outils de gestion et d'administration de la plateforme Microsoft Azure
- Connaissances de base sur l'utilisation des CLI Windows
- Connaissances de base sur le Scripting « Batch »

Contacter l'Auteur

Vos Feedbacks, commentaires et/ou questions techniques concernant ce guide peuvent être envoyés à l'adresse suivante :
feedbacks@becomeitexpert.com

Vous pouvez :
- Suivre l'auteur sur Twitter :
  https://twitter.com/hicham_kadiri
- Se connecter avec lui sur LinkedIn :
  https://fr.linkedin.com/in/hichamkadiri
- Suivre l'auteur sur Google plus :
  https://plus.google.com/103685435690653340977
- S'abonner à son Blog IT :
  https://hichamkadiri.wordpress.com

Typographie

Dans ce document, la typographie suivante est utilisée :

DECISION ou VALIDATION

NOTE ou REMARQUE

AVERTISSEMENT

ACTION A FAIRE

PARAMETTRE ou CONFIGURATION

TABLE DES MATIERES

CHAPITRE 5. COMPRENDRE LES FORMATS DE SORTIE (OUTPUT FORMATS) 79

CHAPITRE 6. CREER ET GERER LES GROUPES DE RESSOURCES 85

Chapitre 1. Microsoft Azure : Vue d'ensemble

Rappel sur Microsoft Azure

Microsoft Azure, anciennement appelé **Windows Azure**, est une plate-forme de Cloud Computing "Public" de Microsoft. Il est composé d'une gamme croissante de services cloud intégrés.

Ces services sont catégorisés en plusieurs types de produits, à savoir :

- Calcul (Compute)
- Réseaux (Networking)
- Stockage et Base de données
- Web & Mobile
- Intelligence & Analyse
- IoT (**I**nternet **of** **T**hings)
- Sécurité & Identité
- Services de Développeur
- Monitoring & Management

Vous pouvez utiliser ces services pour concevoir et mettre en place de nouvelles infrastructures (VMs IaaS, Base de données PaaS, Application Web, Site Web, ...) ou migrer vos Workloads /infrastructures locales existantes dans le Cloud Public de Microsoft.

Microsoft Azure « Big Picture »

Vous trouverez ci-après une « Big Picture » présentant l'ensemble des services Cloud Azure :

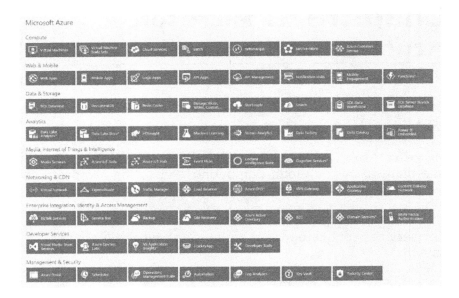

Ce Poster peut être téléchargé à cet URL :
https://1drv.ms/f/s!Agu0mgqr6F71xiIgrj3mvRnea4fj

Notez que l'équipe Azure Poster (Corp) maintient une page Web nommée « **Official interactive Azure Poster** » dans laquelle vous pouvez retrouver toutes les dernières informations sur chaque service Cloud Azure.

L'Interactive Azure Platform est disponible à l'URL ci-après :
http://azureplatform.azurewebsites.net/en-us/

Il s'agit d'une version « Cliquable », donc n'hésitez pas à cliquer sur le service Cloud qui vous intéresse pour en savoir plus.

Dans l'exemple suivant, nous cliquerons sur le service Cloud « **Azure Backup** » pour avoir plus d'informations.

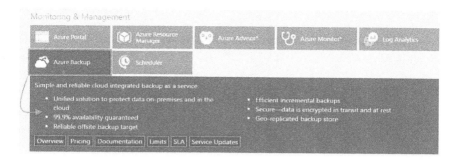

Plusieurs informations et liens utiles sont donc affichés, notamment :

- **Pricing** : détails sur la tarification du service « Azure Backup »
- **Limits** : limitations du service « Azure Backup »
- **SLA** (**S**ervice **L**evel **A**greement) : niveau de service et de disponibilité du service « Azure Backup »
- **Documentations** : lien vers de la documentation technique en ligne sur le service « Azure Backup »

Compte-tenu des évolutions et changements permanents des services Azure (au niveau fonctionnalités et Pricing), je vous invite à consulter régulièrement la page « Interactive Azure Poster » pour rester informé des dernières mises à jour

Vous pouvez également télécharger la Big Picture ci-haut (au format PPTx) en cliquant sur le bouton « **Download Powerpoint version of this overview** » depuis l'URL : http://azureplatform.azurewebsites.net/en-us/

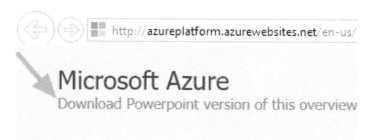

Azure Interactives Update : New Page

Vous avez surement remarqué l'apparition du message suivant en vous connectant sur l'URL http://azureplatform.azurewebsites.net/en-us/ :

Official Azure Interactives are online - try it and give us feedback! #AzureInteractives

http://azureinteractives.azurewebsites.net

Comme indiqué dans le message, Microsoft propose désormais une nouvelle plateforme Officielle concernant l'**Azure Interactives** (toujours en **version Beta** au moment de l'écriture du présent eBook), celle-ci comprend non seulement le catalogue de services Cloud Azure (rubrique : **Azure Products**) mais aussi deux nouvelles rubriques (nouvelles Experiences), à savoir :

- **Design Patterns** : cette rubrique présente des informations utiles qui vous aideront et orienteront vers le meilleur Design de votre future Architecture Cloud, incluant le Data Management, Performances, Scalabilité, Haute disponibilité, Monitoring ...Etc.
- **Azure Security et Operations Management :** détaille toutes les informations relatives aux services Cloud de sécurité qui vous permettent de mieux sécuriser et protéger votre future architecture Azure : Azure Security Center, Logs Analytics, Azure Backup (BR/DR), Azure Monitor et Watcher...Etc

Les informations détaillées dans la rubrique « **Azure Security & Ops Mgmt** » peuvent également vous aider à développer votre stratégie /offre **SecaaS** (**Security-as-a-Service**) pour sécuriser votre Cloud Hybride combinant votre infrastructure Azure (Public Cloud), et vos Cloud Privés et/ou Datacenters locaux.

La nouvelle plateforme « Azure Interactives » est donc disponible à l'URL suivante :

4

http://azureinteractives.azurewebsites.net

Les trois « Experiences » sont présentées de la manière suivante :

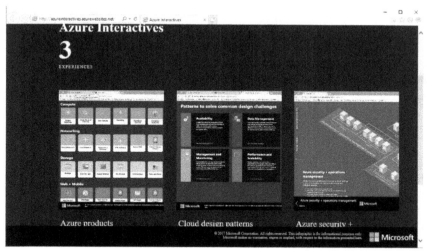

Je vous invite à faire le tour de la plateforme et découvrez toutes les options qui y sont proposées. Si vous n'êtes pas encore familier avec les services Cloud Azure, eh bien cette plateforme restera pour vous le meilleur point de départ pour prendre en main cette plateforme de Cloud Computing, aussi si vous êtes amenés à concevoir de nouvelles infrastructures Azure, vous devriez toujours vous référer à la page **Azure Interactives** pour prendre connaissances des dernières évolutions/améliorations apportées aux service Cloud Azure ainsi aussi leurs limitations fonctionnelles. Vous aurez compris, Azure Interactives est un outil indispensable quand il s'agit de concevoir de nouvelles plateformes basées sur le Cloud Azure.

Régions Azure et Disponibilité des services

Microsoft Azure est un énorme réseau de Datacenters répartis un peu partout dans le monde. La présence mondiale de ces Datacenters offre aux clients la possibilité de déployer un service n'importe où dans le monde.

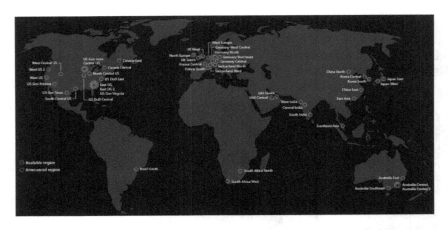

Microsoft jouit de dizaines d'années d'expérience en matière d'exécution de services, tels que Bing, Office 365 et outlook.com.

Au moment de l'écriture du présent eBook, Azure est mis en disponibilité dans 50 régions (Amérique, Europe, Asie-Pacifique...) et prend en charge 10 langues et 24 devises, toutes soutenues par l'investissement de plus de 15 milliards de dollars de Microsoft dans l'infrastructure mondiale des Datacenters, depuis 1989.

Au moment de l'écriture du présent eBook, Azure est disponible dans 140 pays avec plusieurs centaines de Datacenters.

Le géant américain investit en permanence dans les technologies d'infrastructure les plus récentes en mettant particulièrement l'accent sur une fiabilité élevée, l'excellence opérationnelle, la réduction des coûts, la durabilité de l'environnement et une expérience en ligne fiable pour les clients et les partenaires du monde entier.

Notez que certains services Cloud sont disponibles uniquement dans certaines Régions Azure. Microsoft met à votre disponibilité un outil (Web tool) qui vous permet de vérifier la disponibilité de tous les services Azure en fonction des Régions et ce, au niveau mondial. Cet outil est disponible à l'URL suivante :

https://azure.microsoft.com/fr-fr/regions/services/

Dans l'exemple suivant, nous constatons que le CDN (Content Delivery Network) n'est pas encore disponible au niveau de la Région Azure « France Centre » :

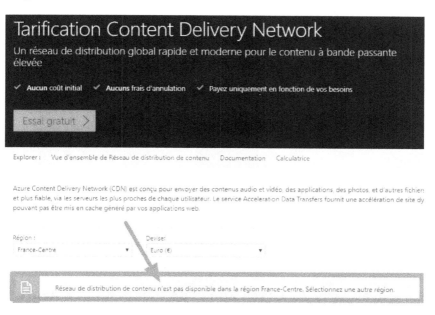

Zones de disponibilité Azure (Azure Availability Zone)

Azure Availability Zone, qu'est-ce que c'est ?

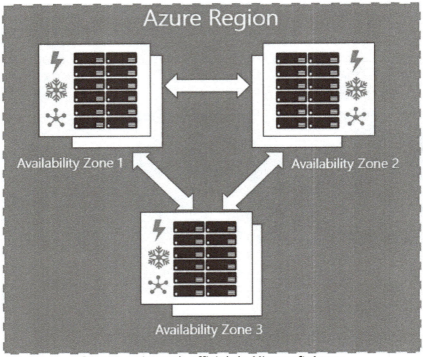

Source : site web officiel de Microsoft Azure

Azure Availability Zones (ou **Zones de Disponibilités Azure**) vous permettent de protéger vos ressources Cloud en cas de perte totale d'un Datacenter Azure.

En effet, ces Zones (Datacenters) sont situées au niveau d'une même Région Azure mais fonctionnent de manière complétement indépendante (Alimentation électrique, climatisation, réseau...). Pour assurer une résilience, il existe au moins trois zones (3 Datacenters) distinctes dans toutes les régions supportant l'Availability Zones.

La séparation physique et logique des zones dans une région protège vos données et ressources Cloud en cas de problème ou défaillance sur un Datacenter.

8

Régions Azure prenant en charge Azure Availability Zones

Azure Availability Zones est disponible sur les quatre Régions Azure suivantes (en version « Public Preview » au moment de l'écriture de cet ouvrage) :

- Est des États-Unis 2
- Centre des États-Unis
- Europe de l'Ouest
- France-Centre

Seules les Régions « Est des États-Unis 2, Centre des États-Unis, Europe de l'Ouest, France-Centre » prennent en charge les Zones de Disponibilité Azure.

Comment choisir le nombre de Zones de disponibilité par Région Azure ?

Lors de la création d'une ressource Cloud (e.g. : VM Azure), à l'étape « **3. Paramètres** », vous êtes invité à sélectionner le nombre de Zone de disponibilité pour l'hébergement de votre ressource, dans l'exemple suivant, considérons que la ressource doit être hautement disponible et protégée, celle-ci sera hébergée au niveau de trois Zones de la Région « **Europe de l'Ouest** /West Europe » :

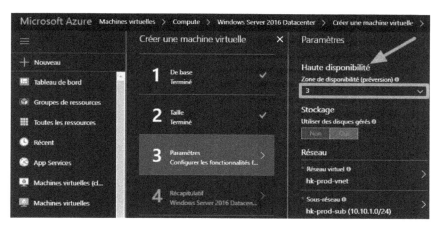

Si vous sélectionnez une Région ne prenant pas en charge les Zones de Disponibilité, le message suivant s'affiche et vous indique qu'aucune Availability Zones n'est disponible :

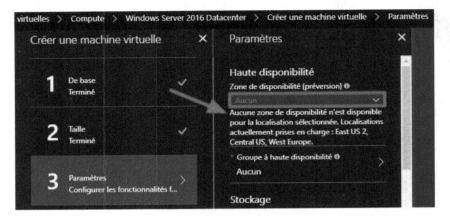

Microsoft Azure arrive enfin en France !

Le 23 Mars 2018, Microsoft a annoncé officiellement l'arrivée d'Azure en France.

Deux Régions Azure sont désormais disponibles en France, à savoir :

- **Azure Centre-France**
- **Azure Sud-France**

La France fera partie des premiers Pays d'Europe prenant en Charge les Zones de Disponibilités que nous avons découvert précédemment (Azure Availability Zones), le but étant de permettre aux sociétés Française d'atteindre les 99.99% du SLA et leur offrir un taux de disponibilité et de fiabilité important.

Services Azure prenant en charge Azure Availability Zones

Seuls les services Azure suivants prennent en charge l'Azure Availability Zones :

- Machines virtuelles Linux
- Machines virtuelles Windows
- Jeux de mise à l'échelle de machine virtuelle
- Managed Disks
- Équilibreur de charge
- Adresse IP publique
- Base de données SQL

Familles de VMs Azure prises en charge par Azure Availability Zones

Seules les séries de VMs Azure suivantes prennent en charge l'Azure Availability Zones :

- Av2
- Dv2
- DSv2

Encore une fois, vous devez vérifier de manière régulière le **Service docs Azure** pour prendre connaissance des dernières informations publiées, car d'autres séries de VMs peuvent être prises en charge.

HowTo : Activer Azure Availability Zones

Comme illustré dans la capture d'écran ci-dessous, le volet « **Paramètres** » correspondant à l'étape 3 de l'assistant de création d'une ressource Azure vous permet de sélectionner une ou plusieurs Zone de disponibilité pour votre service Azure :

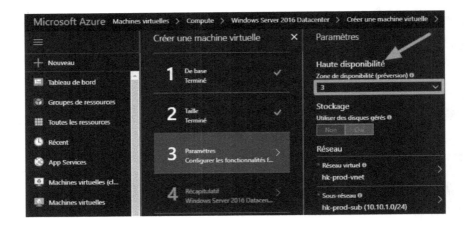

Nouveautés Azure

Le Nouveau Portail Azure propose une rubrique « **Aide /Help** » disponible depuis le bouton .

Je vous invite à consulter régulièrement la page « **Nouveautés** » disponible depuis cette rubrique pour rester informé des dernières mises à jour publiées par l'équipe Microsoft Azure.

Dans l'exemple suivant, plusieurs nouveautés sont publiées et disponibles pour consultation, notamment :

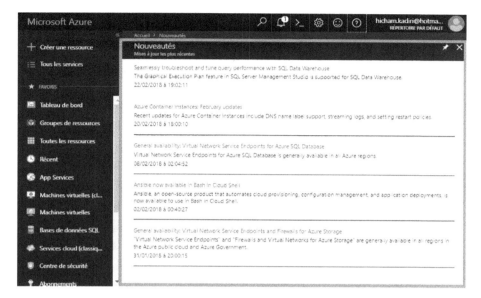

Cette page est laissée vide intentionnellement.

Chapitre 2. Les outils de gestion Azure

Microsoft propose plusieurs outils de gestion graphiques et en ligne de commande pour créer, gérer et administrer les services Cloud Azure.

Nous distinguons deux catégories d'outils :

- Outils **GUI** : **G**raphical **U**ser **I**nterface
- Outils **CLI** : **C**ommand-**L**ine **I**nterface

Quatre principaux outils existent, ceux-ci sont répartis de la manière suivante :

Outils GUI :

- Portail Azure Classique (**ASM A**zure **S**ervices **M**anager)
- Nouveau Portail Azure (**ARM** : **A**zure **R**esource **M**anager)

Outils CLI:

- Windows **PowerShell** (Module **PowerShell Azure**)
- Azure **CLI** (**C**ommand-**L**ine **I**nterface)

Le portail (ASM) manage.windowsazure.com n'existe plus depuis le 08 Janvier 2018. Microsoft a annoncé sa suppression définitive à partir de cette date. Le principal Portal de gestion est donc le nouveau Portail disponible à l'URL suivante : https://portal.azure.com

Une autre méthode de gestion des services Azure consiste à utiliser une interface de programmation (API : Application Programming Interface) nommée API REST. Je vous invite à consulter l'article suivant pour en savoir plus : http://urlz.fr/6rhE

Outils GUI (Graphical User Interface)

Portail Classique Azure (ASM Mode)

L'ancien portal Azure était disponible à l'URL suivante : https://manage.windowsazure.com
Il ressemblait à l'image ci-dessus, tous les services Cloud étaient disponibles depuis le volet gauche, et c'était assez simple à utiliser et gérer au quotidien.

En revanche, il présentait plusieurs limitations (techniques et fonctionnelles) liées à plusieurs services Cloud.

L'ancien portail ASM ne proposait pas de services Cloud « Modernes » et fournissait beaucoup moins d'options et de fonctionnalités comparé au nouveau Portail ARM.

Nouveau Portail Azure (ARM Mode)

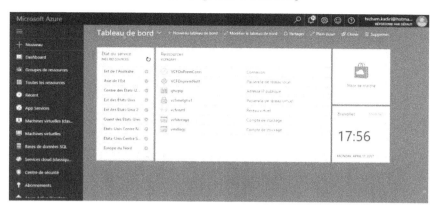

Comme indiqué précédemment, le nouveau Portail Azure est accessible à l'URL suivante : **https://portal.azure.com**

Il s'agit d'une nouvelle version du Portail de gestion, complétement retravaillée (Major Version) basée sur un système de « Blade », présentant un Nouveau « Look » et surtout plusieurs nouvelles fonctionnalités vous permettant de mieux créer et gérer vos ressources Cloud.

Ci-dessous certaines fonctionnalités « Clés » du nouveau portail Azure :

- Introduction des **RG** (**R**esources **G**roup ou Groupe de Ressource en Français).
- Le Marketplace Azure (Place de marché)
- Nouveau service de « **Notifications** »
- Performances améliorées : en matière d'affichage de données/informations
- « Blades » en Full-screen

Je vous invite à consulter l'article suivant pour en savoir plus sur Azure Resource Manager (ARM) : http://urlz.fr/6D5y

Une présentation détaillée du nouveau Portail Azure est disponible à l'URL suivante : https://docs.microsoft.com/fr-fr/azure/azure-portal-overview

Outils CLI (Command-Line Interface)

Windows PowerShell

A l'aide du module « AzureRM », Windows PowerShell peut être utilisé pour créer, configurer et gérer les ressources Cloud Azure.

Toutes les tâches quotidiennes et fastidieuses peuvent être réalisées de manière automatisée via l'utilisation de Scripts PowerShell basés sur le module PS « AzureRM ».

Suivez les instructions suivantes pour télécharger et installer le module PowerShell « Azure » sur votre machine d'administration

Notez qu'une connexion Internet est requise pour pouvoir réaliser les différentes opérations décrites ci-dessous :

1. Le module PowerShell « **AzureRM** » peut-être téléchargé directement depuis la Gallerie PowerShell. Pour ce faire, vous devez télécharger le module « **PowerShellGet** » dans un premier temps et télécharger ensuite le module « AzureRM ».

   ```
   Install-Module PowerShellGet -Force
   ```

2. Lancez ensuite la commande suivante depuis Windows PowerShell, exécutée en tant qu'Administrateur :

   ```
   Install-Module -Name AzureRM -AllowClobber
   ```

3. Notez que par défaut, la « PowerShell Gallery » n'est pas considérée comme étant une Plateforme de confiance « Trusted Repository », vous êtes donc invité à confirmer l'exécution de la commande en saisissant **Y** (comme **Y**es) ou **A** (comme **A**ll)

4. Une fois installé, et avant toute utilisation du module « AzureRM », vous devez toujours le charger dans la session Windows « Active » en saisissant la commande suivante :

```
Import-Module -Name AzureRM
```

5. Enfin, une fois le module AzureRM chargé, vous pouvez exécutez la commande suivante pour lister toutes les Cmd-Lets fournies avec celui-ci :

```
Get-Command -Module AzureRM
```

Pour connaitre le nombre exact des Cmd-lets fournies avec le module PowerShell « AzureRM », exécutez les deux commandes suivantes :

$ListCmdletsAzModule = Get-Command -Module **AzureRM**
$ListCmdletsAzModule.**Count**

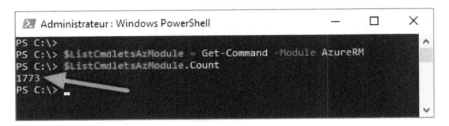

1773 Cmd-lets au total sont fournies avec le module "AzureRM".

Vous pouvez aussi exécuter la commande suivante pour connaitre le nombre de Cmd-Lets fournies dans le module PowerShell AzureRM :
(Get-Command -Module AzureRM).Count

La documentation complète de ce module est disponible à l'URL suivante :

https://docs.microsoft.com/fr-fr/powershell/azure/get-started-azureps?view=azurermps-5.3.0

PI: un eBook (step-by-step guide) sur la gestion d'Azure via PowerShell sera bientôt disponible sur BecomeITExpert.com, so stay connected ☺.

De Nouvelles Cmd-lets peuvent être ajoutées au Module « AzureRM », je vous invite donc à mettre à jour le module régulièrement en exécutant la commande suivante :
Update-Module -Module AzureRM

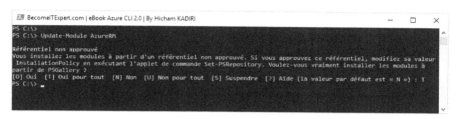

Enfin, notez que depuis Janvier 2018, Microsoft propose un module PowerShell sur les plateformes Non-Windows telle que MacOS X ou Linux.

L'équipe de développeurs MS a travaillé pendant plusieurs mois sur une version PowerShell pour Linux et MacOS appelée « PowerShell Core ».

L'installation du Module PowerShell « AzureRM » sur une machine Linux ou MacOS X nécessite donc l'installation de la Cross-Plateforme « PowerShell Core », en version 6 au moment de l'écriture du présent eBook.

Je vous invite à consulter l'article suivant pour en savoir plus : http://urlz.fr/75vP

Azure CLI

Azure **CLI** (**C**ommand-**L**ine **I**nterface) fait également parti de la famille d'outils en ligne de commande de gestion d'Azure (ARM).

Reportez-vous au Chapitre suivante pour en savoir plus.

Cette page est laissée vide intentionnellement.

Chapitre 3. Azure CLI 2.0 : Introduction

Azure CLI, qu'est-ce que c'est ?

Azure **CLI** (**C**ommand-**L**ine **I**nterface) est un outil en ligne de commande qui vous permet de créer, configurer et gérer vos ressources Cloud Azure, directement depuis le portail Azure (en utilisant le Cloud Shell) ou via l'interface CLI locale installée sur votre machine d'administration (Windows, Linux ou encore Mac OS X).

Historique des versions (Majeures)

L'historique de versions de l'interface Azure CLI est détaillé dans le tableau ci-après :

Version	Description	Commande
CLI 1.0	Conçue pour Azure Service Manager (ASM)	Azure.bat
CLI 2.0	Conçue pour Azure Resource Manager (ARM)	Az.bat

L'interface Azure CLI 1.0 ne prend pas en charge le modèle de déploiement Azure RM, et devient donc obsolète avec la suppression du Portail Classic Azure.

Historique des versions (Mineures)

Azure étant en constance évolution, l'interface CLI 2.0 évolue également de manière permanente afin de prendre en charge de nouveaux services Cloud.

La version 2.0 de l'interface CLI a connu plusieurs mises à jour « mineures ».

L'historique de ces versions mineures est disponible à l'URL suivante :

https://github.com/Azure/azure-cli/releases

Pour connaitre la version actuelle de votre interface Azure CLI 2.0, exécutez la commande suivante :

az --version

```
CV  Administrateur :  "#HK | Just Another IT Guy | eBook Azure CLI 2.0 | BecomeITE...   —   ☐   ✕

C:\>az --version
azure-cli (2.0.21)   ←

acr (2.0.15)
acs (2.0.19)
appservice (0.1.20)
backup (1.0.3)
batch (3.1.7)
batchai (0.1.3)
billing (0.1.6)
cdn (0.0.10)
cloud (2.0.10)
cognitiveservices (0.1.9)
command-modules-nspkg (2.0.1)
```

Vous pouvez également connaitre la version de votre interface CLI en exécutant la commande :
az -v

La dernière version disponible au moment de l'écriture du présent eBook est la **2.0.33**

Modes d'exécution de l'interface Azure CLI

Azure CLI 2.0 peut être exécuté sous deux modes différents :

- **Mode Web** (Online Interface) : via l'utilisation/appel d'Azure Cloud Shell. Ce dernier est intégré depuis peu dans le nouveau portail Azure.

Azure Cloud Shell est intégré (nativement) sur le (nouveau) Portail Azure et est accessible depuis le bouton ▶_ placé dans le coin supérieur droit

Lors de la création du compte de stockage pour Azure Cloud Shell, sélectionnez « **PowerShell** » pour pouvoir utiliser l'interface Azure CLI 2.0 Une fois le compte créé, il suffit de saisir **az** pour faire appel à l'interface **az.bat**

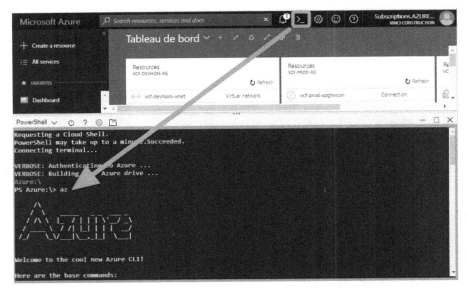

Vous pouvez également démarrer une Session « Cloud Shell » en mode Bash Linux.
Il suffit donc de cliquer sur « Linux » à la place de « PowerShell ».

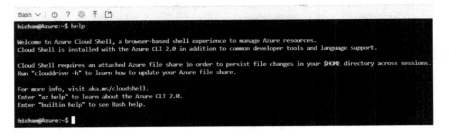

Notez que vous pouvez toujours switcher entre les deux sessions « Bash » et « PS » via le petit bouton supérieur gauche. Voir capture d'écran ci-dessous :

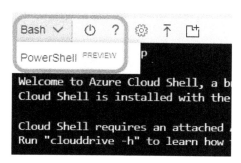

- **Mode Local** (Local Interface) : installation de l'interface Azure CLI 2.0 (package à télécharger et installer localement sur votre machine d'administration)
  - o *Referez-vous au chapitre Installer Azure CLI 2.0 pour en savoir plus.*

Je vous invite à consulter l'article suivant pour en savoir plus sur le Cloud Shell d'Azure : https://docs.microsoft.com/en-us/azure/cloud-shell/overview

Le présent eBook se focalise sur le deuxième mode (utilisation de l'interface Azure CLI 2.0 locale). Notez que toutes les techniques et commandes détaillées dans cet eBook sont aussi applicables pour le mode Web (Azure Cloud Shell).

Azure CLI 2.0 vs Windows PowerShell

Tout d'abord, il faut savoir qu'avant Janvier 2018, les Admins Cloud devant gérer et administrer leur environnement Azure depuis une machine Non-Windows (e.g : Linux, MacOS) devaient obligatoirement passer par l'Interface Azure CLI, en effet, celle-ci représentait l'unique outil multi-plateforme (Cross-Platform) prenant en charge les OS de type MacOS ou Linux.

A partir de Janvier 2018, Microsoft a introduit une nouvelle version de PowerShell (appelé PowerShell Core) pour les OS Linux et MacOS.

Un module **AzureRM** pour PowerShell Core (en version 6 au moment de l'écriture du présent eBook) est disponible et peut être utilisé pour provisionner, gérer et administrer les ressources Cloud Azure depuis des machines Non-Windows.

Maintenant que les deux CLI (PowerShell & Az CLI) prennent en charge les OS non-Windows, l'interface CLI présente tout de même d'autres avantages, à savoir :

- Support de la plupart des langages de programmation tel que Python, Ruby, Perl
  - o Vous pouvez donc continuer à utiliser vos compétences existantes voire même incorporer du code existant avec des scripts basés sur l'Az.bat.
- Outil très simple à utiliser
- Disponibilité du mode « Interactive » qui vous permet d'apprendre et mémoriser facilement les commandes, sous commandes et paramètres
- Az CLI 2.0 Contient beaucoup moins de commandes et de paramètres que PowerShell :
  - o 1740 (PowerShell) vs 60 (Azure CLI 2.0)

Pam Lahoud, Senior Manager chez Microsoft Corp a rédigé un article intéressant comparant les deux CLI Tools et leur option/mode d'utilisation.

Je vous invite à le consulter en vous rendant à l'URL ci-dessous :
http://urlz.fr/78tZ

Limitations et inconvénients

Azure CLI 2.0 est une interface en ligne de commande assez complète qui vous permet de créer et gérer vos ressources Cloud Azure.

En revanche, elle présente certaines limitations, à savoir :

> ➡ Plusieurs commandes encore en mode « Preview »
> ➡ Paramètres d'affichage (Output) limités comparé à PS
> ➡ Réel manque de documentation, ressources proposées par Microsoft : la maitrise de l'interface Azure CLI 2.0 passe par une auto-formation et un travail personnel de découverte, tests et LAB pour valider le bon fonctionnement de certaines commandes/certains paramètres

Cette page est laissée vide intentionnellement.

Chapitre 4. Démarrer avec Azure CLI 2.0

Installer Azure CLI 2.0

Installation sur Windows

Prérequis

Azure CLI 2.0 a été développé sous Python, l'installer sur un OS Windows client (ou serveur d'Administration) nécessite donc l'installation de Python pour Windows, en version 3.X ou ultérieur.

Nous allons donc commencer par télécharger et installer Python sur notre machine Windows 10 (LABWS10).

Python pour Windows peut être téléchargé gratuitement à l'URL suivante :

https://www.python.org/downloads/

La version (stable) disponible au moment de l'écriture de l'eBook est la **3.6.1**

Une fois téléchargé, exécutez le fichier **Python-*.*.*.exe** en tant qu'Administrateur.

L'assistant suivant apparait, veillez à bien cochez l'option « **Add Python 3.6 to PATH** » et cliquez sur « **-> Install Now** » pour démarrer l'installation :

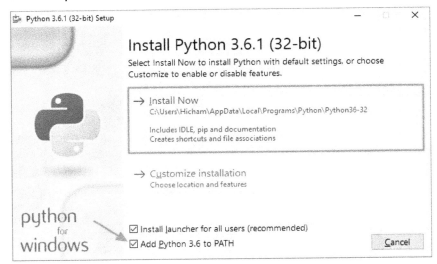

L'installation démarre ...

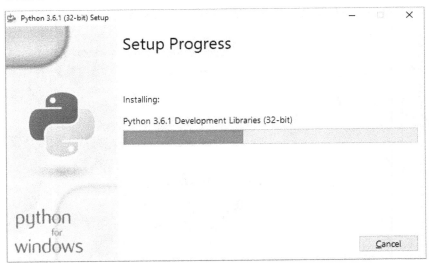

Une fois installé, cliquez sur « **Close** » pour fermer l'assistant

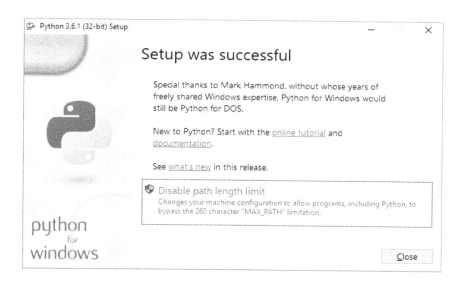

 L'option « Add Python 3.6 to PATH » permet d'ajouter deux répertoires (d'Install et de scripts) utilisés par Python à la variable d'environnement : %Path%

Maintenant, ouvrez l'invite de commande et saisissez la commande suivante pour vérifier la bonne installation de python :

Python –version

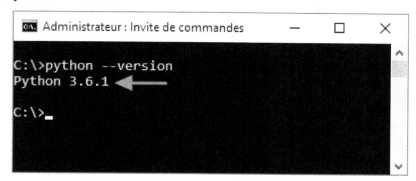

Installer Azure CLI 2.0

Ouvrez l'Invite de commande (CMD.exe) en tant qu'Administrateur et saisissez la commande suivante pour installer Azure CLI 2.0 :

pip install --user azure-cli

Tous les Packages nécessaires requis par Azure CLI seront téléchargés et placés dans le répertoire suivant :

%UserProfile%\AppData\Roaming\Python\Python36\ site-packages

Notez que votre machine Windows 10 doit être connectée à Internet pour télécharger et récupérer les données Azure CLI.

```
Administrateur : Invite de commandes - pip install --user azure-cli            —   □   ×
  Downloading azure_cli-2.0.3-py2.py3-none-any.whl
Collecting azure-cli-keyvault (from azure-cli)
  Downloading azure_cli_keyvault-2.0.1-py2.py3-none-any.whl
Collecting azure-cli-role (from azure-cli)
  Downloading azure_cli_role-2.0.2-py2.py3-none-any.whl
Collecting azure-cli-nspkg (from azure-cli)
  Downloading azure_cli_nspkg-2.0.0-py2.py3-none-any.whl
Collecting azure-cli-component (from azure-cli)
  Downloading azure_cli_component-2.0.1-py2.py3-none-any.whl
Collecting azure-cli-acs (from azure-cli)
  Downloading azure_cli_acs-2.0.3-py2.py3-none-any.whl
Collecting azure-cli-storage (from azure-cli)
  Downloading azure_cli_storage-2.0.3-py2.py3-none-any.whl (45kB)
    100% |████████████████████████████████| 51kB 1.1MB/s
Collecting azure-cli-vm (from azure-cli)
  Downloading azure_cli_vm-2.0.3-py2.py3-none-any.whl (65kB)
    100% |████████████████████████████████| 71kB 1.1MB/s
Collecting azure-cli-network (from azure-cli)
  Downloading azure_cli_network-2.0.3-py2.py3-none-any.whl (67kB)
    100% |████████████████████████████████| 71kB 1.5MB/s
Collecting azure-cli-resource (from azure-cli)
  Downloading azure_cli_resource-2.0.3-py2.py3-none-any.whl
Collecting azure-cli-configure (from azure-cli)
  Downloading azure_cli_configure-2.0.3-py2.py3-none-any.whl
Collecting azure-cli-batch (from azure-cli)
  Downloading azure_cli_batch-2.0.1-py2.py3-none-any.whl
Collecting azure-cli-monitor (from azure-cli)
  Downloading azure_cli_monitor-0.0.2-py2.py3-none-any.whl
Collecting azure-cli-documentdb (from azure-cli)
  Downloading azure_cli_documentdb-0.1.3-py2.py3-none-any.whl
Collecting azure-cli-find (from azure-cli)
  Downloading azure_cli_find-0.0.2-py2.py3-none-any.whl
Collecting azure-cli-profile (from azure-cli)
  Downloading azure_cli_profile-2.0.3-py2.py3-none-any.whl
Collecting azure-cli-appservice (from azure-cli)
  Downloading azure_cli_appservice-0.1.3-py2.py3-none-any.whl
Collecting azure-cli-iot (from azure-cli)
  Downloading azure_cli_iot-0.1.3-py2.py3-none-any.whl
Collecting azure-cli-feedback (from azure-cli)
```

Si l'installation s'est effectuée avec succès, le résultat suivant apparaît à la fin d'exécution de la commande :

Tâches post-installation

Avant de commencer à utiliser votre interface Azure CLI 2.0, une tâche post-installation est à réaliser.

Il s'agit de la configuration /ajout du chemin contenant les fichiers Azure CLI à la variable d'environnement « **Path** ».

Pour ce faire, lancez l'outil « **Sysdm.Cpl** » depuis le Menu « **Exécuter** » ou la zone de recherche du Menu « **Démarrer** » et rendez-vous ensuite dans l'onglet « **Paramètres systèmes avancés** ». Enfin, cliquez sur « **Variables d'environnement...** »

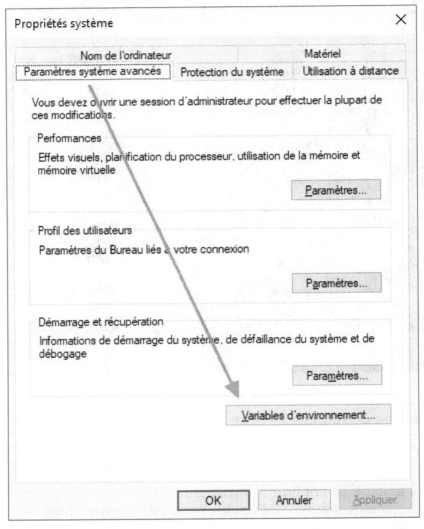

La boite de dialogue suivante apparaît, sélectionnez la variable « **Path** » et cliquez sur « **Modifier...** » :

Maintenant cliquez sur « **Nouveau** » et spécifiez le chemin suivant :

%USERPROFILE%\AppData\Roaming\Python\Python36\Scripts

Si vous avez installé une version de Python autre que la 3.6 (e.g : version 3.x), le chemin devient : %USERPROFILE%\AppData\ Roaming\Python\Python3x\Scripts

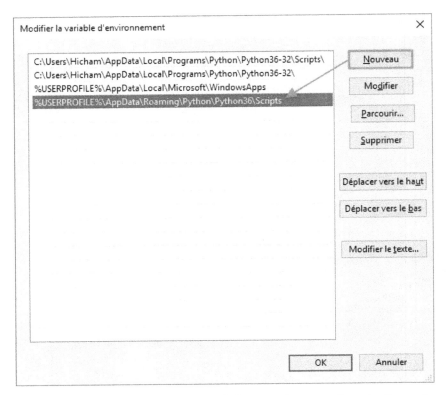

Cliquez sur « **OK** » pour valider et fermer les boites de dialogues ouvertes.

L'interface Azure CLI 2.0 est représentée par un fichier .BAT nommé 'Az.bat', il est par défaut installé /placé dans le répertoire suivant : %USERPROFILE%\AppData\Roaming\Python\Python3x\Scripts

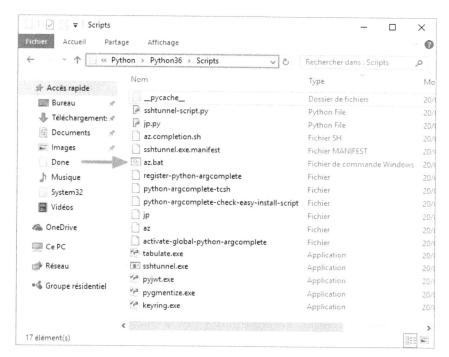

Maintenant, lancez CMD.exe en tant qu'Administrateur et saisissez **Az**

Le fichier Az.bat est appelé et le menu Azure CLI 2.0 suivant est affiché, de plus la liste complète des commandes disponibles est retournée :

Le script az.bat peut également être appelé depuis Windows PowerShell. Il suffit de saisir az depuis votre console PowerShell pour accéder au menu affiché précédemment sur l'invite de commande.

Installation sur MacOS

Suivez les instructions techniques détaillées dans l'article suivant pour installer l'interface Azure CLI 2.0 sur un MacOS :
https://docs.microsoft.com/fr-fr/cli/azure/install-azure-cli?view=azure-cli-latest#a-namemacosinstall-on-macos

Installation sur Linux

Suivez les instructions techniques détaillées dans l'article suivant pour installer l'interface Azure CLI 2.0 sur votre machine Linux :
https://docs.microsoft.com/fr-fr/cli/azure/install-azure-cli?view=azure-cli-latest#a-namelinuxinstall-on-linux-without-a-package-manager

Exécuter l'interface Azure CLI 2.0 sur un « conteneur Docker »

Si vous souhaitez exécuter l'interface Azure CLI 2.0 sur un conteneur Docker, cela est possible.
Pour ce faire, suivez les instructions détaillées dans l'article ci-dessous :

https://docs.microsoft.com/en-us/cli/azure/run-azure-cli-docker?view=azure-cli-latest

Liste des commandes fournies avec l'interface Azure CLI 2.0

Comme vu précédemment, une fois installée, l'interface Azure CLI 2.0 est accessible en appelant le script **az.bat** depuis CMD.exe ou Windows PowerShell.

60 commandes sont fournies avec Azure CLI 2.0, celles-ci vous permettent d'effectuer la plupart des tâches et opérations de création (provisioning), modification et suppression disponibles depuis le nouveau portail Web Azure (portal.azure.com)

Reportez-vous au tableau ci-après pour en savoir plus sur chaque commande :

Commande	Description
account	Pour gérer les abonnements Azure : lister, définir (abonnement actif) ou supprimer un abonnement de votre interface Azure CLI 2.0
acr	Pour gérer Azure Container Registries
acs	Pour gérer les Services Azure Container
ad	Pour gérer votre tenant Azure Active Directory mais aussi la Synchronisation de votre annuaire local AD vers Azure AD.
aks	Pour gérer les Clusters Azure Kubernetes
appservice	Pour gérer les Plans App Service Azure
backup	Pour gérer vos sauvegardes Cloud « Azure Backup »
batch	Pour gérer les services de planification de Compute Job.

batchai	Pour gérer vos Batch AI (**A**rtificial **I**ntelligence) et former/gérer vos travaux d'AI et d'autres modèles Machine Learning sur des Clusters GPUs/CPUs
billing	Pour gérer la facturation Azure
cdn	Pour gérer vos Réseaux de Distribution de Contenu Azure (CDN : Content Delivery Network)
cloud	Pour gérer les Cloud Azure enregistrés et leur profils
cognitiveservices	Pour gérer les comptes Azure Cognitive Services
component	Pour gérer et mettre à jour les composants de votre Interface Azure CLI 2.0
configure	Pour afficher et gérer les informations de configuration de votre interface Azure CLI 2.0
consumption	Pour gérer la consommation Azure : utilisation des ressources Cloud
container	Pour gérer les instances Azure Container
cosmosdb	Pour gérer les comptes de base de données CosmosDB
disk	Pour gérer les disques Managés Azure (Disques gérés)

dla	Pour gérer les comptes Azure Data Lake Analytics, les Jobs et Catalogues. *Note : Cette commande est encore en mode « Preview » au moment de l'écriture de cet eBook.*
dls	Pour gérer les comptes/stores Data Lake et les systèmes de fichiers. *Note : Cette commande est encore en mode « Preview » au moment de l'écriture de cet eBook.*
eventgrid	Pour gérer les abonnements Azure Event Grid
extension	Pour gérer et mettre à jour les extensions de l'interface CLI
feature	Pour gérer les fonctionnalités des fournisseurs de ressource.
feedback	Pour donner votre avis/feedback sur l'interface CLI 2.0 à l'équipe Azure de Microsoft
find	Pour rechercher et trouver des commandes et sous-commande spécifique de la CLI 2.0
functionapp	Pour gérer les fonctions Apps.
group	Pour gérer les groupes de ressources et modèles de déploiement.
image	Pour gérer les images de VMs personnalisées.

interactive	Pour démarrer/lancer l'interface Azure CLI 2.0 en mode « Interactive ».
iot	Pour gérer les actifs IoT (**I**nternet **o**f **T**hings). *Note : Cette commande est encore en mode « Preview » au moment de l'écriture de cet eBook.*
keyvault	Pour gérer, protéger et maintenir le contrôle des clés, secrets et certificats d'Azure KeyVault
lab	Pour gérer Azure DevTest Labs.
lock	Pour gérer les Verrous (Locks) Azure
login	Pour se connecter à Azure : connecter votre interface CLI 2.0 à votre abonnement Azure.
logout	Pour se déconnecter et supprimer l'accès à votre abonnement Azure.
managedapp	Pour gérer les Templates des solutions fournies et maintenues par les fournisseurs des logiciels indépendants (**ISV** : **I**ndependant **S**oftware **V**endors).
monitor	Pour gérer le Service Azure Monitor.
mysql	Pour gérer les bases de données Azure des serveurs MySQL.
network	Pour gérer les ressources réseaux Azure (VNET, Subnet, NSG...etc)

policy	Pour gérer les stratégies (Policies) de ressource Azure.
postgres	Pour gérer les bases de données Azure des serveurs PostGreSQL.
provider	Pour gérer les fournisseurs de ressources Azure.
redis	Pour accéder au cache (dédié et sécurisé) de votre Application Azure.
reservations	Pour gérer les réservations Azure.
resource	Pour gérer les ressources Azure.
role	Pour gérer les rôles utilisateurs pour les contrôles d'accès avec Azure AD et services « Principals »
sf	Pour gérer et administrer les Cluster « Azure Service Fabric ».
snapshot	Pour gérer les copies des disques gérés, blobs et d'autres Snapshots.
sql	Pour gérer les bases de données SQL Azure et Data Warehouses.
storage	Pour créer et gérer les ressources de stockage Azure
tag	Pour gérer les « Tags » des ressources
vm	Pour créer et gérer des Machines Virtuelles (VMs) Azure Windows et Linux.

vmss	Pour gérer les groups de VMs configurées en « Scale Set » : VMs mises à l'échelle automatiquement /en mode HA.
webapp	Pour gérer les applications Web Azure (Azure Web Apps).

Liste des commandes AZ en mode « Preview »

L'équipe Azure Corp améliore de manière continue l'interface CLI et introduit régulièrement des nouvelles commandes au script Az.bat

Je ne sais pas si vous l'avez déjà remarqué, mais quand vous exécutez l'interface az (sans spécifier de paramètre) ou saisissez **az -h**, la liste des commandes qui vous est retournée, comporte certaines commandes qui marquées avec (PREVIEW).

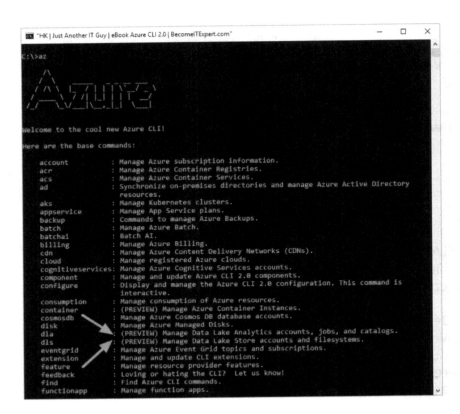

Cela signifie que ces commandes sont toujours en mode « Preview » et peuvent donc être utilisées en mode « Proof of Concept /LAB » mais pas sur un environnement de production. En effet, les paramètres disponibles avec les commandes qui sont en mode « PREVIEW » peuvent avoir des impacts non-connus chez Microsoft et vous expérimenterez donc ces problèmes sur vos environnements de production !

De plus, aucune demande de support ne pourra être prise en charge par l'éditeur.

Enfin, notez qu'une commande en mode « PREVIEW » peut être modifiée (suppression, modification, ajout de paramètres) voire retirée (supprimée) de l'interface Azure CLI 2.0 !

Vos scripts d'automatisation Azure CLI 2.0 destinés à des environnements ne doit en aucun cas contenir des commandes Az en mode « Preview ».

Vous pouvez vous rendre sur la page d'Azure CLI Updates pour connaitre la date de disponibilité (GA mode) d'une commande spécifique.

 Ne jamais inclure les commandes en mode « PREVIEW » dans vos scripts d'automatisation destinés à des environnements de production !

 Si vous souhaitez lister toutes les commandes qui sont encore en mode « PREVIEW », exécutez la commande suivante : **az | Find /i "PREVIEW"**

```
HK | Just Another IT Guy | eBook Azure CLI 2.0 | BecomeITExpert.com"          —   □   ×

C:\>az | Find /i "PREVIEW"
    container        : (PREVIEW) Manage Azure Container Instances.
    dla              : (PREVIEW) Manage Data Lake Analytics accounts, jobs, and catalogs.
    dls              : (PREVIEW) Manage Data Lake Store accounts and filesystems.
    iot              : (PREVIEW) Manage Internet of Things (IoT) assets.

C:\>
```

Comme montré dans la capture d'écran ci-dessus, les 4 commandes (**container, dla, dls, iot**) sont encore en mode « Preview ».

Utiliser l'aide en ligne d'Azure CLI 2.0

Pour utiliser l'aide d'Azure CLI 2.0, rien de plus simple, il suffit simplement de saisir la commande **az** ou az.bat en précisant le contexte suivi de -h.

Dans l'exemple suivant, nous allons utiliser l'aide d'Azure CLI 2.0 pour avoir plus d'information sur la commande **vm** qui vous permet de créer et gérer des Machines Virtuelles (VMs). La commande à exécuter est la suivante :

az vm -h

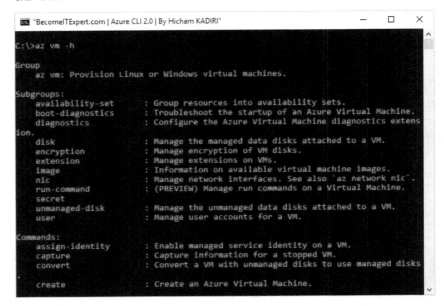

Connecter Azure CLI 2.0 à votre compte Azure

Une fois installé, l'interface Azure CLI 2.0 doit être connectée à votre compte (abonnement) Azure.

Cette connexion peut se faire via l'utilisation de la commande « **login** ». En effet, si vous essayez d'exécuter une commande sans avoir connecté votre interface CLI à votre compte /abonnement Azure au préalable, le message d'avertissement suivant est affiché :

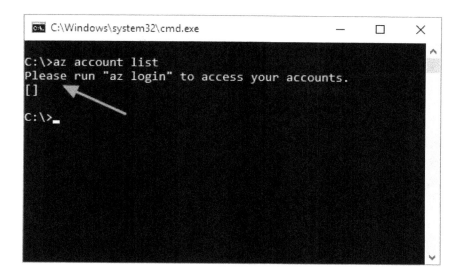

Notez que plusieurs modes de connexions sont disponibles avec la commande Login, à savoir :

- Connexion via le Portail Web : aka.ms/devicelogin
- Connexion à l'aide d'un compte et mot de passe

Connexion via le Portail Web : https://aka.ms/devicelogin

Depuis l'invite de commande (CMD.exe) lancée en tant qu'Administrateur, saisissez : **az login**

Le message suivant apparaît :

Comme illustré dans l'image ci-dessus, vous devez vous connectez à l'URL https://aka.ms/devicelogin et renseigner le code généré par la commande **Az login** pour connecter votre interface CLI locale à votre compte Azure.

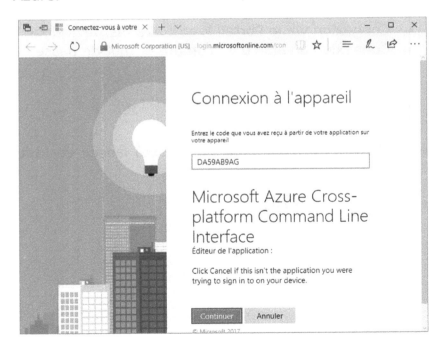

Vous êtes ensuite redirigé vers le portail Azure pour vous authentifier :

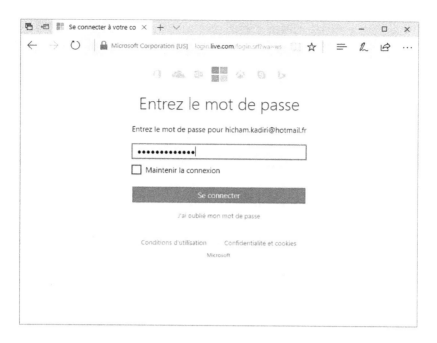

Une fois authentifié, votre machine locale Windows 10 est désormais connectée à votre compte Azure

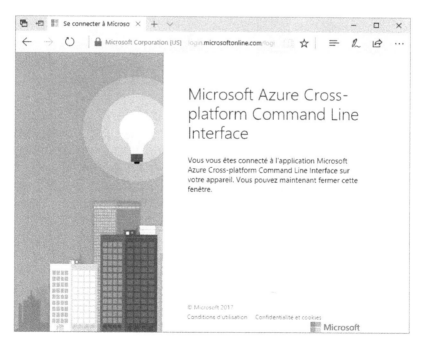

Le bloc de texte suivant est automatiquement généré et affiché sur votre interface en ligne de commande Azure CLI 2.0. Il regroupe toutes les informations relatives à votre compte Azure comme le nom, l'ID d'abonnement, statut …Etc :

```
C:\Windows\system32\cmd.exe                               —    □    ×

C:\>az login
To sign in, use a web browser to open the page https://aka.ms/devicelogin
and enter the code DA59AB9AG to authenticate.
[
  {
    "cloudName": "AzureCloud",
    "id": "31854640-1004-4040-81fc-be333f3cef5c",
    "isDefault": true,
    "name": "Visual Studio Premium avec MSDN",
    "state": "Enabled",
    "tenantId": "1941adbe-427c-4c75-b3b9-e4e1f12c6b64",
    "user": {
      "name": "hicham.kadiri@hotmail.fr",
      "type": "user"
    }
  }
]
```

Connexion à l'aide d'un compte utilisateur et mot de passe

L'interface Azure CLI 2.0 peut également être connectée à votre compte Azure via l'utilisation d'un compte utilisateur (@Email) et son mot de passe associé.

Notez qu'uniquement les comptes de type « Organisation » tels que les comptes professionnel (monprenom.monnom@monentreprise.com) ou scolaire (monprenom.monnom@monecole.com) peuvent être utilisés. Si votre abonnement Azure est géré par un compte Microsoft (@Hotmail, @Outlook, @Live …), vous devez plutôt utiliser la commande Az login (sans paramètre).

Pour vous connecter à l'aide de votre compte (Pro ou Scolaire) et son mot de passe associé, utilisez la commande suivante :

az login –u Votre@EmailAzure –p VotreMotDePasse

Pour éviter de saisir votre mot de passe en clair, utilisez la commande suivante (sans le paramètre –P) :
az login –u Votre@EmailAzure
Vous serez donc invité à saisir votre mot de passe (Hidden mode)

Quand vous utilisez l'interface CLI 2.0 en mode Web via le Cloud Shell, vous n'avez pas besoin d'exécuter la commande az login car si serez authentifié et connecté de manière transparente

HowTo : Débugger les problèmes de connexion à votre compte Azure

Si toutefois vous rencontrez des problèmes de connexion à votre compte Azure, je vous recommande de réexécutez les commandes listées précédemment suivies du paramètre **–-debug**

Dans l'exemple suivant, une connexion via le Portail Web (aka.ms/devicelogin) sera établie. Le paramètre --Debug est utilisé pour avoir de plus amples informations sur chaque étape du processus de connexion

az login –debug

Comme illustré dans les captures d'écran ci-dessous, la commande (avec le paramètre --Debug) vous retourne le résultat de chaque étape de connexion. Ces résultats pourront vous être utile pour diagnostiquer et résoudre un éventuel problème de connexion à votre compte Azure.

```
Administrateur : C:\Windows\system32\cmd.exe                    —    □    ×
elpFormatter'>, conflict_handler='error', add_help=True)}
Application event 'CommandTableParams.Loaded' with event data {'command_table': {
'login': <azure.cli.core.commands.CliCommand object at 0x0392A670>}}
Application event 'CommandParser.Parsed' with event data {'command': 'login', 'ar
gs': Namespace(_command_package='login', _jmespath_query=None, _log_verbosity_deb
ug=False, _log_verbosity_verbose=False, _output_format='json', _parser=AzCliComma
ndParser(prog='az login', usage=None, description='Log in to access Azure subscri
ptions', formatter_class=<class 'argparse.HelpFormatter'>, conflict_handler='erro
r', add_help=True), validators=[], command='login', func=<function create_comman
d.<locals>._execute_command at 0x03927978>, password=None, servic [...]
adal-python : 9d937661-3a87-4a74-95d1-3313f309e182 - Authority:Performing instanc
e discovery: https://login.microsoftonline.com/common
adal-python : 9d937661-3a87-4a74-95d1-3313f309e182 - Authority:Performing static
instance discovery
adal-python : 9d937661-3a87-4a74-95d1-3313f309e182 - Authority:Authority validate
d via static instance discovery
adal-python : 9d937661-3a87-4a74-95d1-3313f309e182 - CodeRequest:Getting user cod
e info.
requests.packages.urllib3.connectionpool : Starting new HTTPS connection (1): log
in.microsoftonline.com
requests.packages.urllib3.connectionpool : https://login.microsoftonline.com:443
"POST /common/oauth2/devicecode?api-version=1.0 HTTP/1.1" 200 441
adal-python : 9d937661-3a87-4a74-95d1-3313f309e182 - OAuth2Client:Get Device Code
 Server returned this correlation_id: 9d937661-3a87-4a74-95d1-3313f309e182
To sign in, use a web browser to open the page https://aka.ms/devicelogin and ent
er the code DUFY3P7T8 to authenticate.
adal-python : 0a72657e-32ea-4421-851f-4fb0b9a27fea - Authority:Instance discovery
/validation has either already been completed or is turned off: https://login.mic
rosoftonline.com/common
```

Sélectionner un abonnement Azure

Dès que votre interface Azure CLI 2.0 locale est connectée à votre compte Azure, vous devez sélectionner/définir un abonnement Azure pour lequel vous voulez créer et gérer les ressources Cloud.

Pour ce faire, la commande **account** est utilisée.
Avant de sélectionner un abonnement Azure (Azure Subscription), vous devez d'abord lister tous les abonnements associés à votre compte Azure. Pour ce faire, utilisez la commande suivante :

az account list --output table

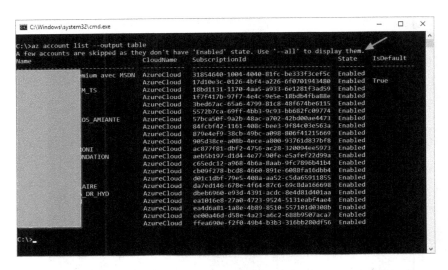

Si vous voulez afficher plus de détails sur un abonnement spécifique, notez son nom ou son ID et utilisez la commande suivante :

`az account show --subscription Nom_ou_ID`

Dans l'exemple suivant, la commande az account sera utilisée pour avoir de plus amples informations sur un abonnement Azure dont l'ID est :
31854640-1004-4040-81fc-be333f3cef5c:

`az account show --subscription 31854640-1004-4040-81fc-be333f3cef5c`

```
C:\Windows\system32\cmd.exe                                    —    □    ×

C:\>az account show --subscription "31854640-1004-4040-81fc-be333f3cef5c"
{
  "environmentName": "AzureCloud",
  "id": "31854640-1004-4040-81fc-be333f3cef5c",
  "isDefault": true,
  "name": "Visual Studio Premium avec MSDN",
  "state": "Enabled",
  "tenantId": "1941adbe-427c-4c75-b3b9-e4e1f12c6b64",
  "user": {
    "name": "hicham.kadiri@hotmail.fr",
    "type": "user"
  }
}

C:\>_
```

Vous pouvez utiliser le format "table" pour une meilleure lecture des résultats retournés. Votre commande devient donc : `az account show --subscription 31854640-1004-4040-81fc-be333f3cef5c --output table`

```
C:\Windows\system32\cmd.exe                                    —    □    ×

C:\>az account show --subscription 31854640-1004-4040-81fc-be333f3cef5c --output table
EnvironmentName    IsDefault    Name                               State      TenantId
AzureCloud         True         Visual Studio Premium avec MSDN    Enabled    1941adbe-427c-4c75-b3b9-e4e1f12c6b64

C:\>
C:\>_
```

Si un seul abonnement est associé à votre compte Azure, celui-ci sera défini par défaut au niveau de l'interface Azure CLI 2.0

Maintenant, si vous disposez de plusieurs abonnements (*subscriptions*), vous devez utiliser la commande **az account**, cette fois-ci dans le contexte « **set** » pour sélectionner/définir un abonnement Azure « actif », voir l'exemple illustré dans l'image suivante :

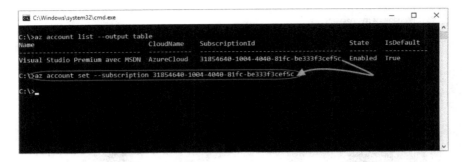

Enfin, si vous voulez supprimer tous les abonnements configurés et associés au cache local de l'interface Azure CLI 2.0, vous pouvez utiliser la commande suivante :

`az account clear`

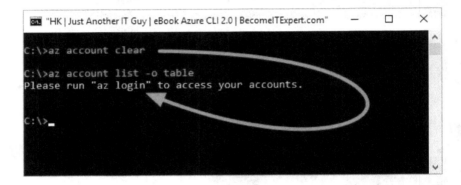

Lister les Régions Azure prises en charge par votre abonnement

La commande (az) **account** vous permet également de lister toutes les Régions prises en charge par votre abonnement azure actuel. Cette information est très pratique car elle vous permet de définir les Régions dans lesquelles vous pouvez déployer vos services Cloud.

La commande à utiliser est la suivante :

`az account list-locations --output table`

```
C:\Windows\system32\cmd.exe                                    —    □    ×

C:\>az account list-locations --output table
DisplayName              Latitude    Longitude   Name
-------------------      ----------  ----------  -------------------
East Asia                22.267      114.188     eastasia
Southeast Asia           1.283       103.833     southeastasia
Central US               41.5908     -93.6208    centralus
East US                  37.3719     -79.8164    eastus
East US 2                36.6681     -78.3889    eastus2
West US                  37.783      -122.417    westus
North Central US         41.8819     -87.6278    northcentralus
South Central US         29.4167     -98.5       southcentralus
North Europe             53.3478     -6.2597     northeurope
West Europe              52.3667     4.9         westeurope
Japan West               34.6939     135.502     japanwest
Japan East               35.68       139.77      japaneast
Brazil South             -23.55      -46.633     brazilsouth
Australia East           -33.86      151.209     australiaeast
Australia Southeast      -37.8136    144.963     australiasoutheast
South India              12.9822     80.1636     southindia
Central India            18.5822     73.9197     centralindia
West India               19.088      72.868      westindia
Canada Central           43.653      -79.383     canadacentral
Canada East              46.817      -71.217     canadaeast
UK South                 50.941      -0.799      uksouth
UK West                  53.427      -3.084      ukwest
West Central US          40.89       -110.234    westcentralus
West US 2                47.233      -119.852    westus2
Korea Central            37.5665     126.978     koreacentral
Korea South              35.1796     129.076     koreasouth

C:\>_
```

Pensez à utiliser la fonction « Find »

L'interface Azure CLI 2.0 fournie une commande qui vous permet de rechercher et trouver rapidement une commande ou sous-commande spécifique et tous ses modes/contextes associés.

Il s'agit de la commande az **find.**

Dans l'exemple suivant, nous essayons de trouver toutes les commandes contenant le mot « login », la commande suivante est exécutée :

`Az find --search-query login`

Le paramètre **--search-query** peut être remplacé par **-q**, la commande devient donc :

61

Az find -q login

La fonction « Find » recherche le mot « login » dans toutes les commandes et sous-commandes disponibles sur l'interface Azure CLI 2.0 et retourne le résultat suivant :

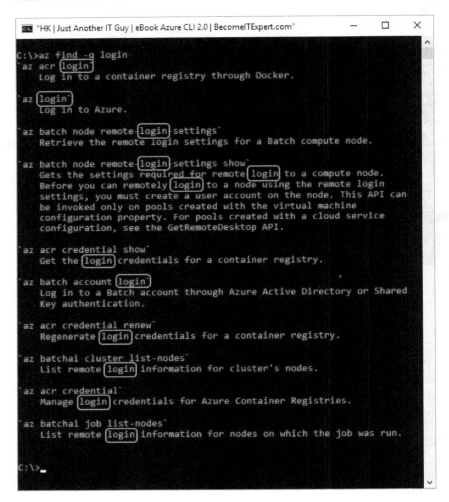

Exercice pratique

Utilisez la fonction **az Find** pour trouver toutes les commandes et sous-commandes contenant le mot « network »

Configurer les paramètres de votre profil « Azure CLI »

Après installation de l'interface CLI 2.0, certains paramètres sont configurés par défaut, comme par exemple le format d'affichage (en JSON) ou emplacement des fichiers Logs générés par l'interface CLI 2.0 (journalisation des Events).
Sachez que l'interface CLI 2.0 fournie une commande qui vous permet de configurer ces paramètres et personnaliser votre profil Cloud Azure CLI 2.0

Il s'agit de la commande **az configure**

Il suffit d'exécuter **az configure** et suivre l'assistant CLI en répondant aux questions proposées.
Dans l'exemple suivant, nous allons configurer un format d'affichage de type « Tableau » en sélectionnant l'option N°3 (Table), nous désactiverons le Logging vers un fichier et enfin, nous refuserons que les informations générées depuis notre profil Azure soient transférées à Microsoft (dans le cadre de son programme d'amélioration de l'interface CLI 2.0).

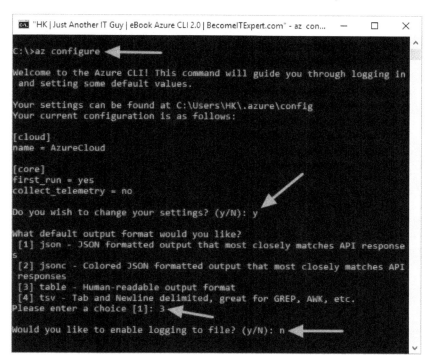

Exercice pratique

Utilisez la commande **az configure** pour reconfigurer votre profil Azure CLI 2.0

Démarrez votre interface CLI 2.0 en mode « Interactive »

Depuis Avril 2017, l'équipe Azure CLI a introduit une nouvelle commande qui vous permet de démarrer une Session CLI en mode « **Interactive** », génial non 😊 ?

Le mode « Interactive » présente plusieurs avantages, notamment :

- ⇥ Affichage automatique de Menu « Aide » lors de la saisie d'une commande ou sous-commande.

- ⇥ Affichage automatique des exemples lors de la saisie d'une commande ou sous-commande

- ⇥ Saisie semi-automatique (par tabulation) des commandes et sous-commandes : tab auto-completion

- ⇥ Disponible de liens vers de la documentation officielle lors de l'utilisation de certaine commande spécifique

 Si vous débutez avec Azure CLI 2.0, je vous recommande l'utilisation du mode « Interactive » qui vous aidera à retrouver et mémoriser facilement les commandes, sous-commandes et leurs paramètres associés.

Pour démarrer votre interface Azure CLI 2.0 en mode « Interactive », rien de plus simple, exécutez la commande suivante :

Az interactive

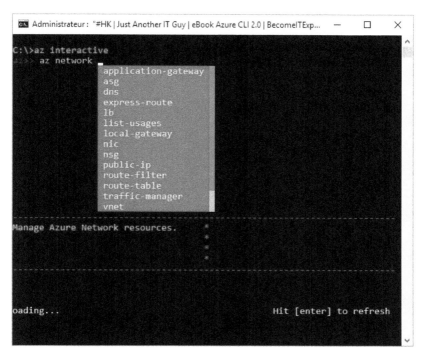

Dans l'exemple suivant, la commande **az network** a été semi-saisie par tabulation :

Vous pouvez aussi remarquer que la description de la commande (**Manage Azure Network resources**) est automatiquement affichée après détection de la commande **az network**

Pensez à Updater votre interface CLI 2.0 et ses composants

L'équipe Azure CLI met régulièrement à jour l'interface Azure CLI 2.0 et ses composants.

Au moment de l'écriture du présent eBook, il n'existe aucun moyen d'auto-update de l'interface CLI, je vous invite donc à le faire (manuellement) de manière régulière pour récupérer les dernières versions des commandes d'Az.bat

Pour connaitre la version actuelle de votre Interface Azure CLI 2.0 et ses composants associés, exécutez la commande suivante :
Az -v

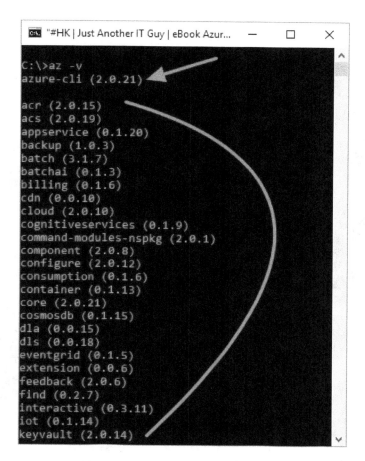

Comme indiqué dans la capture d'écran précédente, la commande **az -v** vous retourne la version de votre interface Azure CLI 2.0 mais aussi la version de ses composants (commandes disponibles avec l'interface).

Vous pouvez obtenir le même résultat (liste des composants/commandes et leurs versions) en exécutant la commande suivante :

Az component list

```
Google Cloud SDK Shell                              —    □    ×

C:\>az component list
The 'component' commands will be deprecated in the future.
az component and subcommands may not work unless the CLI is installe
d with pip.
Are you sure you want to continue? (y/N): Y
Name                        Version
-----------------------     --------
acr                         2.0.15
acs                         2.0.19
appservice                  0.1.20
backup                      1.0.3
batch                       3.1.7
batchai                     0.1.3
billing                     0.1.6
cdn                         0.0.10
cloud                       2.0.10
cognitiveservices           0.1.9
command-modules-nspkg       2.0.1
component                   2.0.8
configure                   2.0.12
consumption                 0.1.6
container                   0.1.13
core                        2.0.21
cosmosdb                    0.1.15
dla                         0.0.15
dls                         0.0.18
eventgrid                   0.1.5
extension                   0.0.6
feedback                    2.0.6
find                        0.2.7
interactive                 0.3.11
iot                         0.1.14
keyvault                    2.0.14
lab                         0.0.13
monitor                     0.0.12
network                     2.0.18
nspkg                       3.0.1
profile                     2.0.15
rdbms                       0.0.9
redis                       0.2.10
reservations                0.1.0
resource                    2.0.18
```

Pour mettre à jour votre interface Azure CLI 2.0 et ses composants, exécutez la commande suivante :

Az component update

Pour mettre à jour l'interface CLI 2.0, vous devez lancer l'Invite de commande (CMD.exe) en tant qu'Administrateur

Comme illustré dans la capture d'écran ci-dessous, le processus de mise à jour des composants/commandes de l'interface Azure CLI 2.0 démarre :

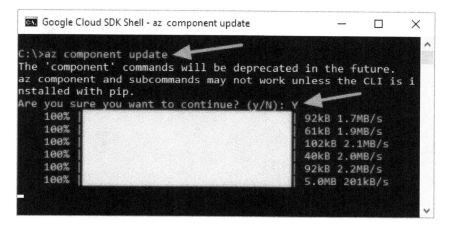

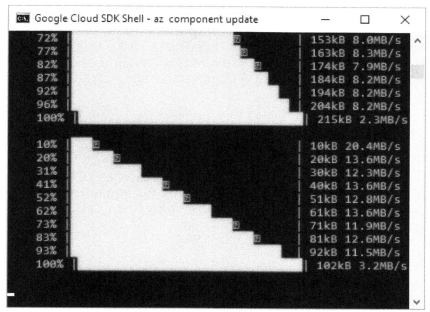

Une fois la mise à jour terminée, saisissez à nouveau **az -v** pour vérifier si votre interface a récupéré la dernière version (2.0.33 dans mon cas) :

```
Administrateur : "#HK | Just Another IT Guy | eBook ...     —    □    ×

C:\>az -v
azure-cli (2.0.33)

acr (2.0.25)
acs (2.0.33)
advisor (0.5.1)
ams (0.1.1)
appservice (0.1.33)
backup (1.1.1)
batch (3.2.2)
batchai (0.2.3)
billing (0.1.8)
cdn (0.0.14)
cloud (2.0.13)
cognitiveservices (0.1.13)
command-modules-nspkg (2.0.1)
```

Maintenant, saisissez az (ou az.bat) et vérifier si de nouvelles commandes (post-update) ont été ajoutées à votre interface

Notez que la commande **az component** fournie une sous-commande intéressante qui vous permet de lister tout nouveau composant disponible depuis le repository Web de Microsoft et qui peut être installé/intégré à votre interface Azure CLI.

Exécutez la commande suivante et notez le résultat

Az component list-available

Dans l'exemple suivant, il est indiqué que tous les composants sont déjà installés, si vous avez le même résultat que moi, cela veut simplement dire que votre interface CLI 2.0 est UpToDate ☺.

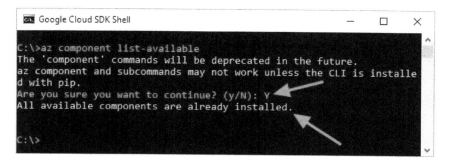

Si vous souhaitez réduire le nombre de commandes fournies (par défaut) avec l'interface CLI 2.0, car vous ne pensez jamais les utiliser, vous pouvez exécuter la commande suivante :

az component remove --name nom_de_la_commande

Dans l'exemple suivant, le composant (la commande) **cosmosdb** sera retirée de mon interface Azure CLI 2.0, car mon environnement Azure ne comporte aucune base de données Cosmos et avoir des BDD de type de base n'est pas quelque chose de prévu.

Donc je supprime cette commande pour garder que celle dont j'ai vraiment besoin, et ce en exécutant la commande suivante :

az component remove --name cosmosdb

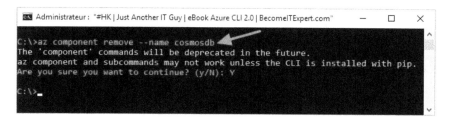

Après suppression du composant **cosmosdb**, rappelez le script az.bat et notez la disparition de la commande « **cosmosdb** »

Comme montré dans la capture d'écran ci-dessous, seules les commandes **cloud | cognitiveservices | component | configure | consumption | container** sont disponibles :

Liste des « arguments Globaux »

L'interface Azure CLI 2.0 est fournie avec un certain nombre d'argument (paramètre) global. Ces derniers sont disponibles avec la quasi-totalité des commandes de l'interface CLI 2.0

Ces arguments global (Global arguments) sont listés dans le tableau ci-après (5 au total):

Argument Global	Description
--debug	Permet d'exécuter la commande ou la sous-commande en mode « Debugging ».
--help	Permet d'afficher le menu « Aide /Help » de la commande ou sous-commande.

--output	Permet de configurer le format de sortie du résultat retourné par l'interface CLI. 4 formats de sortie sont disponibles avec ce paramètre : json, jsonc, table, tsv
--query	Basé sur le langage de requête JMESPath, ce paramètre vous permet de filtrer les données à afficher en spécifiant une requête (Query) spécifique. Eg : Lister uniquement les noms, groupes de ressource et adresses IP public des VMs hébergées dans une Région Azure spécifique.
--verbose	Permet d'afficher les résultats post-exécution des opérations de création de ressources Azure.

Nous verrons plus en détail chaque argument lors des prochains chapitres.

Déconnectez votre compte de l'interface Azure CLI 2.0

Si vous souhaitez déconnecter votre Interface Azure CLI 2.0 de votre compte/abonnement Azure (e.g : pour en connecter un autre), la commande az **logout** est utilisée, notez que deux options s'offrent à vous :

#Option N°1

Exécutez la commande **az logout** (sans paramètre) depuis l'invite de commande ou Windows PowerShell. Cela déconnecte automatiquement le compte /abonnement actif :

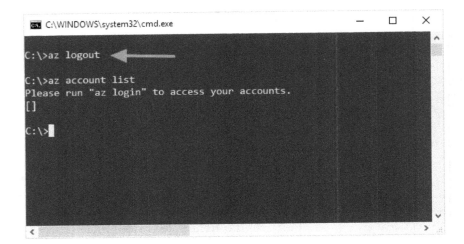

 Si vous voulez vérifier que votre compte est bien déconnecté, vous pouvez exécuter la commande <u>az account list</u> pour constater qu'aucun compte « actif » n'est listé. L'interface CLI 2.0 vous propose désormais d'exécuter az login pour connecter un nouveau compte !

#Option N°2

Saisissez `az logout –username votre_@_Email`

Dans l'exemple suivant, le compte hicham.kadiri@hotmail.fr associé à mon abonnement Azure a bien été déconnecté de mon interface Azure CLI 2.0 locale :

```
C:\WINDOWS\system32\cmd.exe                            —    □    ×

C:\>az logout --u hicham.kadiri@hotmail.fr  ⬅

C:\>az account list
Please run "az login" to access your accounts.
[]

C:\>
```

Nouveautés et Notes de publication d'Azure CLI 2.0

Pour rester informé des dernières nouveautés et améliorations introduites à l'interface Azure CLI 2.0, je vous invite à consulter la page suivante :

http://urlz.fr/78g1

Cette page est maintenue par l'équipe Azure CLI 2.0, elle est mise à jour après chaque correction, changement (mineur ou majeur) ou encore ajout de nouvelles fonctionnalités /composants /paramètres au niveau de l'interface CLI 2.0

Notez qu'il peut y avoir plusieurs Notes de publication par mois car plusieurs corrections /changements /améliorations peuvent avoir lieu sur l'interface CLI dans le même mois.

Depuis le volet droit « **Dans cet article** », vous pouvez constater la disponibilité de plusieurs Notes de publication dans le même mois (Mars 2018) :

Notes de publication d'Azure CLI 2.0

10/04/2018 • 99 minutes de lecture • Contributeurs

7 mai 2018

Version 2.0.32

Principal

La page « Notes de Publication Azure CLI 2.0 » doit être consultée au moins une fois par mois

Il peut y avoir plusieurs notes de Publication dans le même mois.

Notez que la page « Notes de publication Azure CLI 2.0 » ne contient pas toutes les dernières informations et notes de publication.

En effet, quand une nouvelle note de publication est disponible, elle est d'abord publiée en « Anglais » sur la page principale https://docs.microsoft.com/en-us/cli/azure/release-notes-azure-cli, et traduite ensuite (au bout de 2 semaines généralement) dans les autres langues dont le « Français ».

Dans l'exemple suivant, nous consultons les deux pages en même temps, comme montré ci-dessous, la page officielle (en-US) contient la dernière Note de publication du 22 Mai 2018, en revanche, la page en fr-FR s'arrête à la Note de Publication du 7 Mai 2018

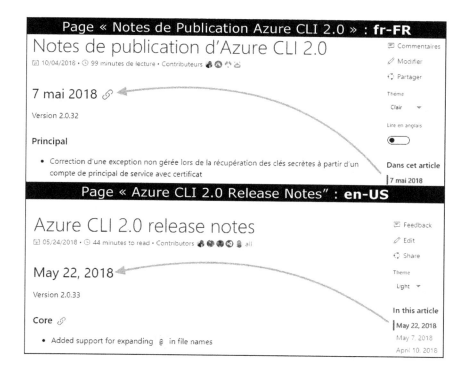

Page « Notes de Publication Azure CLI 2.0 » : **fr-FR**

Notes de publication d'Azure CLI 2.0

10/04/2018 • 99 minutes de lecture • Contributeurs

7 mai 2018

Version 2.0.32

Principal

- Correction d'une exception non gérée lors de la récupération des clés secrètes à partir d'un compte de principal de service avec certificat

Commentaires
Modifier
Partager
Theme
Clair
Lire en anglais

Dans cet article
7 mai 2018

Page « Azure CLI 2.0 Release Notes" : **en-US**

Azure CLI 2.0 release notes

05/24/2018 • 44 minutes to read • Contributors

May 22, 2018

Version 2.0.33

Core

- Added support for expanding @ in file names

Feedback
Edit
Share
Theme
Light

In this article
May 22, 2018
May 7, 2018
April 10, 2018

Privilégiez l'utilisation de la page « Azure CLI 2.0 Release Notes » en Anglais car celle-ci présente toutes les dernières Notes de Publication et updates apportées à l'interface CLI 2.0

Cette page est laissée vide intentionnellement.

Chapitre 5. Comprendre les formats de sortie (Output formats)

L'interface CLI 2.0 propose quatre formats de sortie (4 output formats), à savoir :

Output	Description
Json	Chaine JSON*
Json**c**	Chaine JSON* **c**oloré
Tsv**	Valeurs séparées par des tabulations, sans clés
Table	Table ASCII avec des clés > en-têtes de colonne

* : **J**SON est acronyme de **J**ava**S**cript **O**bject **N**otation
** : **TSV** est acronyme de **T**ab-**S**eparated **V**alues

Le format de sortie configuré par défaut (après installation de la CLI 2.0), est **JSON**.

Vous pouvez le constater en exécutant n'importe quelle commande Az (**az vm list** dans l'exemple suivant : pour lister toutes les VMs hébergées au niveau de mon abonnement Azure) :

```
C:\WINDOWS\system32\cmd.exe                      —   □   ×

C:\>az vm list
[
  {
    "availabilitySet": null,
    "diagnosticsProfile": null,
    "hardwareProfile": {
      "vmSize": "Standard_B2s"
    },
    "id": "/subscriptions/31854640-1004-4040-81fc-be333f3cef5c
/resourceGroups/HK-PROD-RG/providers/Microsoft.Compute/virtual
Machines/hk-lab-dc1",
    "identity": null,
    "instanceView": null,
    "licenseType": "Windows_Server",
    "location": "westeurope",
    "name": "hk-lab-dc1",
    "networkProfile": {
      "networkInterfaces": [
        {
          "id": "/subscriptions/31854640-1004-4040-81fc-be333
3cef5c/resourceGroups/hk-prod-rg/providers/Microsoft.Network/n
etworkInterfaces/hk-lab-dc1872",
          "primary": null,
          "resourceGroup": "hk-prod-rg"
        }
      ]
```

Le paramètre qui vous permet de changer de format de sortie est **--output**, disponible en tant que :
« **Argument/Paramètre Global** ».

Il peut également être appelé en saisissant **-o** (au lieu de --output).

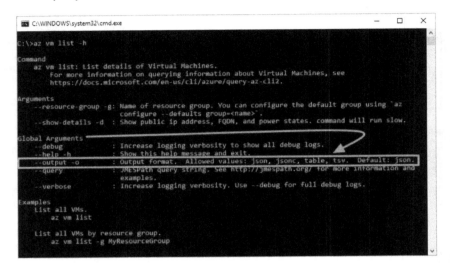

Nous allons maintenant, essayer les trois autres formats de sortie en exécutant la même commande (az vm list) :

Format JSON avec de la couleur 😊 **> az vm list -o jsonc**

Chapitre 5. Comprendre les formats de sortie (Output formats)

```
C:\>az vm list -o jsonc
[
  {
    ...
    "hardwareProfile" : {
      "vmSize" : "Standard_B2s"
    },
    "id" : "/subscriptions/31854640-1004-4040-81fc-be333f3cef5c/resourceG
roups/HK-PROD-RG/providers/Microsoft.Compute/virtualMachines/hk-lab-dc1"
    ,
    ...
    "licenseType" : "Windows_Server",
    "location" : "westeurope",
    "name" : "hk-lab-dc1",
    "networkProfile" : {
      "networkInterfaces" : [
        {
          "id" : "/subscriptions/31854640-1004-4040-81fc-be333f3cef5c/res
ourceGroups/hk-prod-rg/providers/Microsoft.Network/networkInterfaces/hk-
lab-dc1872",
          "primary" : null,
          "resourceGroup" : "hk-prod-rg"
        }
      ]
    },
```

Format TSV > **az vm list -o tsv**

```
C:\>az vm list -o tsv
None    None            /subscriptions/31854640-1004-4040-81fc-be333f3ce
f5c/resourceGroups/HK-PROD-RG/providers/Microsoft.Compute/virtualMachine
s/hk-lab-dc1    None    None    Windows_Server  westeurope      hk-lab-d
c1              None    Succeeded       HK-PROD-RG      None
        None    Microsoft.Compute/virtualMachines       8bb9536d-4d47-47
f5-9bfe-a4724af4775d    None
None    None            /subscriptions/31854640-1004-4040-81fc-be333f3ce
f5c/resourceGroups/HK-PROD-RG/providers/Microsoft.Compute/virtualMachine
s/hk-lab-dc2    None    None    Windows_Server  westeurope      hk-lab-d
c2              None    Succeeded       HK-PROD-RG      None
        None    Microsoft.Compute/virtualMachines       ced9d964-9599-49
74-b8d1-15cb08fd842c    None
None    None            /subscriptions/31854640-1004-4040-81fc-be333f3ce
f5c/resourceGroups/HK-PROD-RG/providers/Microsoft.Compute/virtualMachine
s/MyKali        None    None    None    westeurope      MyKali
        Succeeded       HK-PROD-RG      None            None
Microsoft.Compute/virtualMachines       88b74420-8a2c-486a-bb81-048d4534
858b    None
None    None            /subscriptions/31854640-1004-4040-81fc-be333f3ce
f5c/resourceGroups/HK-PROD-RG/providers/Microsoft.Compute/virtualMachine
s/vcfprodsecadm01       None    None    None    westeurope      vcfprods
ecadm01         None    Succeeded       HK-PROD-RG      None
        None    Microsoft.Compute/virtualMachines       9a4d8f92-9bed-41
80-8839-2e1fc94d478a    None

C:\>
```

Format "Tableau" > **az vm list -o table**

```
C:\WINDOWS\system32\cmd.exe                    —    □    ×

C:\>az vm list -o table
Name                 ResourceGroup      Location
-------------------  ---------------    ----------
hk-lab-dc1           HK-PROD-RG         westeurope
hk-lab-dc2           HK-PROD-RG         westeurope
MyKali               HK-PROD-RG         westeurope
vcfprodsecadm01      HK-PROD-RG         westeurope

C:\>_
```

Configurer votre format de sortie « Par défaut »

Comme vu précédemment (chapitre 4 « Démarrer avec Azure CLI 2.0 »), l'interface Azure CLI 2.0 vous offre la possibilité de configurer et personnaliser votre profil. Cela est possible via l'utilisation de la commande az configure.

Cette même commande vous permet de configurer le format de sortie par défaut défini sur votre profil CLI 2.0

Nous allons définir « Table » comme format de sortie par défaut au lieu de JSON (moins user-friendly ☺).

Pour ce faire, nous allons simplement exécuter la commande **az configure**, saisir **Y** (comme Yes) pour indiquer à l'assistant que nous souhaitons bien changer les paramètres de notre profil, et saisir ensuite **3** (correspondant au format de sortie Table dans la liste) pour changer le format de sortie par défaut.

Chapitre 5. Comprendre les formats de sortie (Output formats)

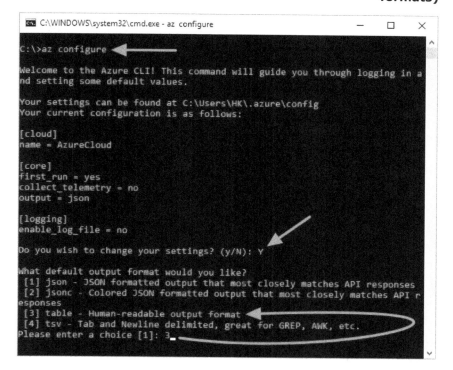

Cette page est laissée vide
intentionnellement.

Chapitre 6. Créer et gérer les groupes de ressources

Rappel sur les « Groupes de ressources »

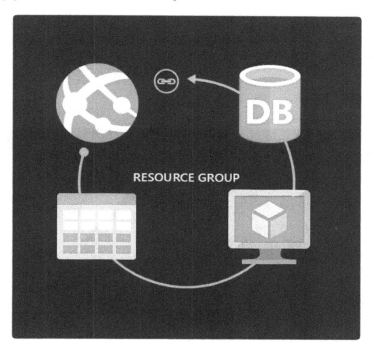

Toutes les ressources créés /provisionnées dans Microsoft Azure ont besoin d'être associées à des "Groupes de Ressources". Il s'agit ici d'une fonctionnalité de base du modèle **ARM** (**A**zure **R**esource **M**anagement).

Utiliser un groupe de ressource Azure vous permettra de grouper toutes vos ressources Cloud (VM, vNIC, stockage, IP Public...Etc) dans un "Conteneur" et les gérer de manière centralisée.

Commande Az CLI à utiliser

La commande Azure CLI 2.0 qui vous permet de créer et gérer les groupes de ressources est **az group**

Syntaxe & Help

Exécutez la commande suivante pour afficher toutes les sous-commandes et paramètres disponibles avec la commande group :

az group -h

```
"Azure CLI 2.0 - 1er Edition | By Hicham KADIRI"          —  □  ×

C:\>az group -h

Group
    az group: Manage resource groups and template deployments.

Subgroups:
    deployment: Manage Azure Resource Manager deployments.
    lock      : Manage Azure resource group locks.

Commands:
    create    : Create a new resource group.
    delete    : Delete a resource group.
    exists    : Check if a resource group exists.
    export    : Captures a resource group as a template.
    list      : List resource groups.
    show      : Gets a resource group.
    update    : Update a resource group.
    wait      : Place the CLI in a waiting state until a condition of the resource group is met.

C:\>
```

Lister tous les Groupes de ressource existants

Pour lister tous les groupes de ressources existants, la commande suivante est utilisée :

az group list

```
"Azure CLI 2.0 - 1er Edition | By Hicham KADIRI"                    —  □  ×

C:\>az group list
[
    {
        "id": "/subscriptions/31854640-1004-4040-81fc-be333f3cef5c/resourceGrou
ps/Default-AzureBatch-NorthEurope",
        "location": "northeurope",
        "managedBy": null,
        "name": "Default-AzureBatch-NorthEurope",
        "properties": {
            "provisioningState": "Succeeded"
        },
        "tags": null
    },
    {
        "id": "/subscriptions/31854640-1004-4040-81fc-be333f3cef5c/resourceGrou
ps/Default-AzureBatch-WestEurope",
        "location": "westeurope",
        "managedBy": null,
```

Comme expliquée précédemment, et pour un meilleur affichage des résultats retournés, spécifiez le paramètre **-- output table** (ou **-o table**)

La commande devient donc : `Az group list -o table`

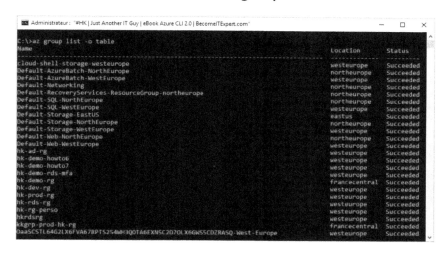

Vérifier si un Groupe de Ressource existe déjà

Avant de créer un nouveau Groupe de Ressource, vous avez la possibilité de vérifier si le nom que vous souhaitez lui attribuer existe déjà ou pas.

Pour ce faire, la sous-commande **exists** est utilisée.

Dans l'exemple suivant, je vais vérifier la disponibilité du nom
« **hk-prod-rg** » pour « Hicham KADIRI - Production -
Resource Group »

```
az group exists -n hk-prod-rg
```

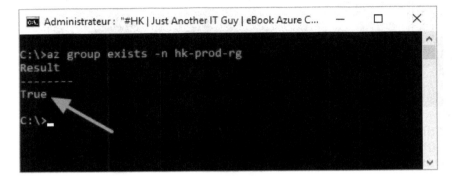

La Valeur "True" signifie que le nom est déjà existé (déjà
attribué à un Groupe de Ressource existant).

Quand le nom n'est pas utilisé, le résultat retourné est
"False"

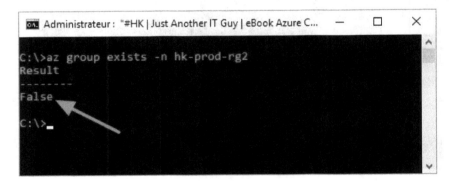

Créer un Groupe de Ressource

Pour créer un nouveau groupe de ressource, la commande **az group create** est utilisée. Dans l'exemple suivant, un groupe de ressource nommé "**hk-demo-rg**" sera créé. Le paramètre **-l** (comme location) permet de spécifier la région Azure dans laquelle le groupe de ressource sera placé /hébergé.

Az group create -n hk-demo-rg -l francecentral

```
Administrateur : "BecomeITExpert.com | eBook Azure CLI 2.0 | By Hicham KADIRI"    —    □    ×
C:\>az group create -n hk-demo-rg -l francecentral
{
  "id": "/subscriptions/31854640-1004-4040-81fc-be333f3cef5c/resourceGroups/hk-demo-rg",
  "location": "francecentral",
  "managedBy": null,
  "name": "hk-demo-rg",
  "properties": {
    "provisioningState": "Succeeded"
  },
                         "tags": null
}
C:\>
```

Le champ "**ProvisioningState**" vous indique le résultat de l'opération qu'est « Succeeded » dans notre cas : groupe de ressource créé avec succès.

Si vous vous connectez sur le portail Azure (portal.azure.com), vous pouvez constater l'existence du groupe **hk-demo-rg** créé précédemment

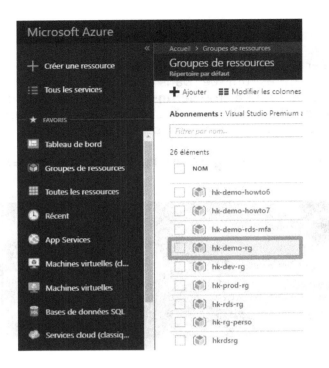

Afficher les propriétés d'un Groupe de ressource spécifique

Vous pouvez utiliser la sous-commande show pour afficher les propriétés d'un Groupe de Ressource spécifique (**hk-prod-rg** dans l'exemple suivant) :

Az group show -n hk-prod-rg -o json

```
C:\>az group show -n hk-prod-rg -o json
{
  "id": "/subscriptions/31854640-1004-4040-81fc-be333f3cef5c/resourceGroups/hk-prod-rg",
  "location": "westeurope",
  "managedBy": null,
  "name": "hk-prod-rg",
  "properties": {
    "provisioningState": "Succeeded"
  },
  "tags": null
}

C:\>
```

Générer un Groupe de Ressource « Template »

Si vous souhaitez créer un Groupe de Ressource « Template », vous pouvez utiliser la sous-commande export, en respectant la syntaxe suivante.

Dans l'exemple suivant, nous générons un template (nommé **hk-demo-rg-tpl)** à partir du Groupe de Ressource existant « hk-demo-rg »

```
az group export -n hk-demo-rg-tpl -g hk-demo-rg
```

```
C:\>az group export -n hk-demo-rg-tpl -g hk-demo-rg
{
  "$schema": "https://schema.management.azure.com/schemas/2015-01-01/deplo
ymentTemplate.json#",
  "contentVersion": "1.0.0.0",
  "parameters": {},
  "variables": {},
  "resources": []
}

C:\>
C:\>
```

Mettre à jour les propriétés d'un Groupe de Ressource

Si des modifications ont été apportées à un Groupe de Ressource (modification d'une de ses propriétés), ce dernier doit être mis à jour en exécutant la commande suivante :

```
az group update -n hk-prod-rg
```

```
Administrateur :  "#HK | Just Another IT Guy | eBook ...      —    □    ×

C:\>az group update -n hk-prod-rg
Location     Name
----------   ----------
westeurope   hk-prod-rg

C:\>
```

Supprimer un Groupe de Ressource

Pour supprimer un Groupe de Ressource, il faut simplement appeler la sous-commande delete suivie de -n et du nom du groupe de ressource à supprimer. Dans l'exemple suivant, le Groupe de Ressource hk-demo2-rg sera supprimé :

```
az group delete -n hk-demo2-rg
```

Vous êtes invite à confirmer l'opération de suppression en saisissant **Y** (comme **Y**es)

```
Administrateur :  "#HK | Just Another IT Guy | eBook Azure CLI 2.0 ...    —    □    ×

C:\>az group delete -n hk-demo2-rg
Are you sure you want to perform this operation? (y/n): Y
| Running ...
```

Cette page est laissée vide intentionnellement.

Chapitre 7. Créer et gérer les réseaux virtuels (VNET) Azure

Rappel sur les « VNETs »

Un réseau virtuel Azure (Azure Virtual Network) est la représentation de votre réseau local d'entreprise dans le Cloud. En effet, quand vous décidez de déployer des ressources dans le Cloud et choisissez Microsoft comme fournisseur de Cloud public, eh bien votre « Réseau dans le Cloud » est Azure **V**irtual **NET**work (appelé aussi **VNET**)

Vous pouvez configurer votre ou vos VNETs Azure de la même manière que pour votre ou vos réseaux locaux « OnPremise » : définir le plan d'adressage IP, les sous-réseaux (Subnets), le(s) serveur(s) DNS, les stratégies de sécurité, le routage ...Etc

Vous pouvez également subdiviser votre VNET Azure en sous-réseaux pour isoler les différents trafics réseaux (e.g : environnements DMZ /INT /PREPROD /PROD), ces sous-réseaux peuvent aussi représenter des « Branch Office » ou simplement des Sites de Backup /PRA pour votre S.I, un VNET Azure devient alors une extension de vos réseaux locaux « OnPrem » dans le Cloud.

Commande Az CLI à utiliser

La commande Azure CLI 2.0 qui vous permet de créer et gérer les Virtuel Network (VNET) est **az network vnet**

Syntaxe & Help

Exécutez la commande suivante pour afficher toutes les sous-commandes et paramètres disponibles avec la commande network vnet :

Az network vnet -h

Lister tous les VNETs existants

Pour lister tous les réseaux virtuels Azure (VNETs) existants, la commande suivante est utilisée :

```
az network vnet list -o table
```

Créer un réseau virtual Azure

Pour créer une nouveau VNET nommé « hk-vnet01 » dans le groupe de ressource « hk-prod-rg » et l'héberger au niveau de la région Azure « Europe de l'Ouest », la commande suivante est utilisée :

```
az network vnet create -n hk-vnet01 -g hk-prod-rg -l
WestEurope
```

Pour créer une nouveau VNET nommé « **hk-vnet02** » dans le groupe de ressource « **hk-prod-rg** » et l'héberger au niveau de la région Azure « **Europe de l'Ouest > WestEurope** » en spécifiant l'espace d'adressage **10.100.0.0/16** et en créant un premier sous-réseau dont l'ID est **10.100.1.0/24** (et nom : **hk-demo-sub**), la commande suivante est utilisée :

```
az network vnet create -n hk-vnet02 -g hk-prod-rg -l
WestEurope --address-prefix 10.100.0.0/16 --subnet-name
hk-demo-sub --subnet-prefix 10.100.1.0/24
```

Afficher les propriétés d'un VNET spécifique

Pour afficher des informations détaillées sur un VNET spécifique (**hk-vnet02** dans l'exemple suivant), la commande suivante est utilisée :

```
az network vnet show -n "hk-vnet01" -g hk-prod-rg
```

```
Administrateur : "#HK | Just Another IT Guy | eBook Azure CLI 2.0 | BecomeIT...   —   □   ✕

C:\>az network vnet show -n "hk-vnet01" -g hk-prod-rg
{
  "addressSpace": {
    "addressPrefixes": [
      "10.0.0.0/16"
    ]
  },
  "dhcpOptions": {
    "dnsServers": []
  },
  "enableDdosProtection": false,
  "enableVmProtection": false,
  "etag": "W/\"0f1185e6-4793-4bca-9f10-6ffc576caf20\"",
  "id": "/subscriptions/31854640-1004-4040-81fc-be333f3cef5c/resourceGr
oups/hk-prod-rg/providers/Microsoft.Network/virtualNetworks/hk-vnet01",

  "location": "westeurope",
  "name": "hk-vnet01",
  "provisioningState": "Succeeded",
  "resourceGroup": "hk-prod-rg",
  "resourceGuid": "1be1b823-aa4b-493d-a2ed-e81463a127cd",
  "subnets": [],
  "tags": {},
  "type": "Microsoft.Network/virtualNetworks",
  "virtualNetworkPeerings": []
}
```

Mettre à jour les propriétés d'un VNET

Si des modifications ont été apportées à un VNET (modification d'une de ses propriétés > e.g : ajout ou modification de Subnet), ce dernier doit être mis à jour en exécutant la commande suivante :

```
az network vnet update -n hk-vnet02 -g hk-prod-rg
```

```
Administrateur :  "#HK | Just Another IT Guy | eBook Azure CLI 2.0 | BecomeITExp...   —   □   ×

C:\>az network vnet update -n hk-vnet02 -g hk-prod-rg                          {
    "addressSpace": {
        "addressPrefixes": [
            "10.100.0.0/16"
        ]
    },
    "dhcpOptions": {
        "dnsServers": []
    },
    "enableDdosProtection": false,
    "enableVmProtection": false,
    "etag": "W/\"aa61a992-0887-446b-80a4-65331e656370\"",
    "id": "/subscriptions/31854640-1004-4040-81fc-be333f3cef5c/resourceGrou
ps/hk-prod-rg/providers/Microsoft.Network/virtualNetworks/hk-vnet02",
    "location": "westeurope",
    "name": "hk-vnet02",
    "provisioningState": "Succeeded",
    "resourceGroup": "hk-prod-rg",
    "resourceGuid": "93d7fcad-8329-43d8-a19b-3627f6d5d8fe",
    "subnets": [
        {
            "addressPrefix": "10.100.1.0/24",
            "etag": "W/\"aa61a992-0887-446b-80a4-65331e656370\"",
            "id": "/subscriptions/31854640-1004-4040-81fc-be333f3cef5c/resource
Groups/hk-prod-rg/providers/Microsoft.Network/virtualNetworks/hk-vnet02/s
ubnets/hk-demo-sub",
            "ipConfigurations": null,
            "name": "hk-demo-sub",
```

Supprimer un VNET

Pour supprimer un VNET spécifique (**hk-vnet02** dans l'exemple suivant), la commande suivante est utilisée :

```
az network vnet delete -n hk-vnet02 -g hk-prod-rg
```

```
Administrateur :  "#HK | Just Another IT Guy | eBook Azure CLI 2.0 | Beco...   —   □   ×

C:\>az network vnet delete -n hk-vnet02 -g hk-prod-rg
/ Finished ..
C:\>
```

Cette page est laissée vide intentionnellement.

Chapitre 8. Créer et gérer les Machines Virtuelles (VMs) Azure

Rappel sur les « VMs Azure »

Azure VM (Virtual Machine) est l'une des offres IaaS (**I**nfrastructure-**a**s-a–**S**ervice) proposée par Microsoft sur sa plateforme de Cloud Public : Microsoft Azure.

Azure VM vous permet de créer et gérer des machines virtuelles Windows ou Linux hautement disponibles, scalables et sécurisées.

Azure propose un large éventail de Machines Virtuelles, en effet plusieurs séries et familles de VMs sont proposées depuis le Portail Azure, le but étant de répondre aux besoins des différents clients de Microsoft.

Je vous invite à consulter cet article pour en savoir plus.

Commande Az CLI à utiliser

La commande Azure CLI 2.0 qui vous permet de créer et gérer les Machines Virtuelles Azure (VMs) est **az vm**

Syntaxe & Help

Exécutez la commande suivante pour afficher toutes les sous-commandes et paramètres disponibles avec la commande vm :

Az vm -h

```
C:\WINDOWS\system32\cmd.exe                          —   □   ×

C:\>az vm -h

Group
    az vm: Provision Linux or Windows virtual machines.

Subgroups:
    availability-set    : Group resources into availability sets.
    boot-diagnostics    : Troubleshoot the startup of an Azure Virtual M
achine.
    diagnostics         : Configure the Azure Virtual Machine diagnostic
s extension.
    disk                : Manage the managed data disks attached to a VM
.
    encryption          : Manage encryption of VM disks.
    extension           : Manage extensions on VMs.
    image               : Information on available virtual machine image
s.
    nic                 : Manage network interfaces. See also `az networ
k nic`.
    run-command         : (PREVIEW) Manage run commands on a Virtual Mac
hine.
    secret
    unmanaged-disk      : Manage the unmanaged data disks attached to a
VM.
    user                : Manage user accounts for a VM.

Commands:
    assign-identity     : Enable managed service identity on a VM.
    capture             : Capture information for a stopped VM.
```

Lister toutes les VMs Azure existantes

Pour lister toutes les VMs disponibles au niveau de votre abonnement Azure, saisissez la commande suivante :

```
az vm list -o table
```

Si le compte connecté à votre interface CLI 2.0 dispose un accès à plusieurs abonnements Azure, vous devez d'abord sélectionner/définir un abonnement avant de pouvoir lister les VMs

Pour lister tous les abonnements associés à votre compte, exécutez la commande suivante :
Az account list -o table

Pour définir un abonnement comme étant « **Actif** », exécutez la commande suivante :
Az account set -s ID_de_l'abonnement
Voir exemple ci-dessous :

Si vous souhaitez lister que les VMs membres d'un Groupe de Ressources spécifique, exécutez la même commande utilisée précédemment suivie du paramètre **-g** et du nom du groupe de ressource.

Dans l'exemple suivant, les VMs du Groupe de Ressource **hk-prod-rg** seront listées :

```
az vm list -g hk-prod-rg -o table
```

Démarrer une VM Azure

Dans l'exemple suivant, la VM "**hk-lab-dc1** " faisant parti du groupe de ressources "**hk-prod-rg**" sera démarré :

az vm start -n hk-lab-dc1 -g hk-prod-rg

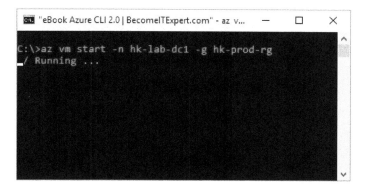

Vous pouvez utiliser le paramètre **--no-wait** pour lancer l'opération en "Background" et ne pas attendre la fin de celle-ci pour récupérer la main sur l'interface CLI, voir screenshot ci-après

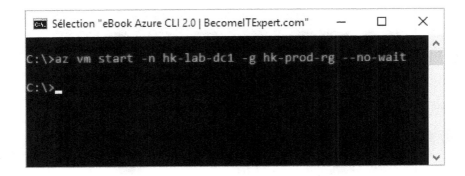

Afficher les propriétés d'une VM Azure spécifique

Pour afficher des informations sur une VM Azure spécifique, la commande **az vm show** est utilisée.

Dans l'exemple suivant, nous allons collecter et afficher des informations sur la VM démarrée précédemment (hk-lab-dc1) :

```
az vm show --show-details -n hk-lab-dc1 -g hk-prod-
rg -o table
```

 Vous pouvez remplacer le paramètre --show-details par -d. La commande devient

```
az vm show -d -n hk-lab-dc1 -g hk-prod-
rg -o table
```

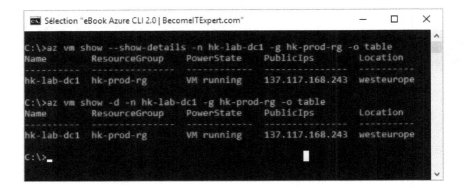

Arrêter une VM Azure

Pour arrêter une VM Azure, la commande **az vm stop** est utilisée.

Dans l'exemple suivant, nous allons arrêter la VM "hk-lab-dc1" qui fait partie du groupe de ressource « hk-prod-rg »

```
az vm stop -n hk-lab-dc1 -g hk-prod-rg
```

Comme pour la commande az vm start, vous n'êtes pas obligé d'attendre la fin de l'opération, vous pouvez utiliser le paramètre **--no-wait** à la fin de la commande :

Redémarrer une VM Azure

Pour redémarrer une VM Azure, la commande **az vm restart** est utilisée.

Dans l'exemple suivant, nous allons redémarrer la VM "hk-lab-dc1" qui fait partie du groupe de ressource « hk-prod-rg ». le paramètre --no-wait sera utilisé pour ne pas attendre la fin de l'opération :

```
az vm restart -n hk-lab-dc1 -g hk-prod-rg --no-wait
```

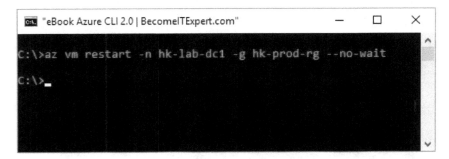

Désallouer une VM Azure

Pour désallouer les ressources attribuées à une VM (CPU, RAM..etc), la commande **az vm deallocate** est utilisée.

Dans l'exemple suivant, nous allons désallouer la VM hk-lab-dc1 faisant parti du groupe de ressources "hk-prod-rg"

```
az vm deallocate -n hk-lab-dc1 -g hk-prod-rg
```

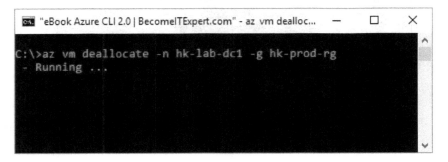

La VM est désormais "**Deallocated**", ses ressources sont donc libérées et ne sont plus facturées :

Lister toutes les tailles de VMs disponibles sur une région Azure spécifique

Dans l'exemple suivant, nous allons lister tous les Size de VM disponible au niveau de la région Azure "Europe de l'Ouest" > "WestEurope".

```
az vm list-sizes --location WestEurope --output table
```

ou simplement

```
az vm list-sizes -l WestEurope -o table
```

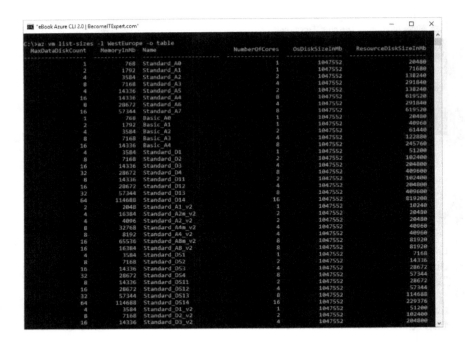

Lister toutes les tailles de VMs vers lesquelles une VM spécifique peut être Upgradée

Dans l'exemple suivant, nous allons lister toutes les tailles de VMs vers lesquelles la VM "hk-lab-dc1" pour être mise à niveau (Resizée) :

```
az vm list-vm-resize-options -n hk-lab-dc1 -g hk-
prod-rg -o table
```

Changer la taille (capacité) d'une VM Azure

Nous avons listé précédemment toutes les VMs vers lesquelles la VM "hk-lab-dc1" peut être upgradée.

Nous allons maintenant utilisée la commande az vm resize pour upgrader les capacités de cette VM vers la VM size "Standard_A3". Pour ce faire, la commande suivante est utilisée :

```
az vm resize --size Standard_A3 -n hk-lab-dc1 -g hk-prod-rg
```

Si vous vous rendez sur le (New) Portail Azure, et cliquez sur la VM en question, vous pouvez constater que la taille de la VM a déjà changé.

Une fois l'upgrade effectué, le message suivant vous est retourné :

La mise à niveau d'une VM Azure (upgrade de capacités) est une opération qui nécessite un redémarrage du Guest OS. Notez donc qu'il s'agit d'un Downtime à planifier avant toute opération.

Mettre à jour (Updater) les propriétés d'une VM Azure

Pour mettre à jour les propriétés d'une VM (suite upgrade de size par exemple), la commande **vm az update** est utilisée.

Dans l'exemple suivant, les propriétés de la VM "hk-lab-dc1" membre du groupe de ressource « hk-prod-rg » seront updatées :

```
az vm update -n hk-lab-dc1 -g hk-prod-rg
```

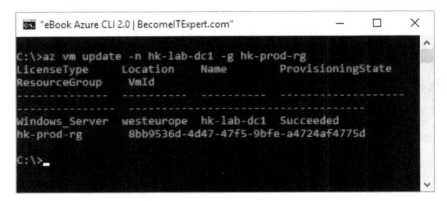

Cette commande est à exécuter après chaque changement /modification des propriétés et objets associés à une VM Azure.

Supprimer une VM Azure

Pour supprimer une VM Azure, la commande **az vm delete** est utilisée.

Dans l'exemple suivant, la VM "hk-lab-dc1" du groupe de ressource hk-prod-rg sera supprimée :

```
az vm delete -n hk-lab-dc1 -g hk-prod-rg --no-wait
```

Vous êtes invité à confirmer l'opération de suppression, saisissez "**Y**" comme "**Yes**" pour confirmer :

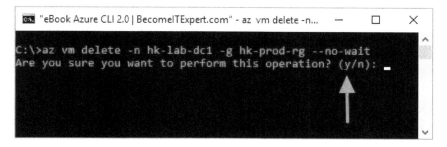

Vous pouvez bypasser cette option de confirmation en utilisant le paramètre --yes ou -y. La commande devient donc :

```
az vm delete -n hk-lab-dc1 -g hk-prod-rg -y --no-wait
```

Créer une VM Azure (Windows ou Linux)

Pour créer une nouvelle VM Azure, la commande **az vm create** est utilisée.

Dans l'exemple suivant, une VM Azure exécutant Windows Server 2016 (Edition Datacenter) sera provisionnée. Celle-ci sera nommée **hk-rds-ws2016** et sera placée dans le groupe de ressource **hk-prod-rg** :

```
az vm create -n hk-rds-ws2016 -g hk-prod-rg --image
Win2016Datacenter
```

Comme montré dans la capture d'écran, vous êtes invité à saisir le mot de passe du compte **Admin**istrateur

Pour créer une nouvelle VM Azure avec comme Guest OS « **CentOS** », la commande suivante est utilisée :

```
az vm create -n hk-vm-centos -g hk-prod-rg --image
CentOS
```

Si vous voulez provisionner une nouvelle VM Windows Server **2012 R2 Edition Datacenter** de taille "**Standard_A3**" et lui attacher un nouveau **vDisk** (Virtual Hard Drive) de **données** de **50GB**, exécutez la commande ci-dessous :

```
az vm create -n hk-vm-ws2012R2 -g hk-prod-rg --image
Win2012R2Datacenter --data-disk-sizes-gb 50 --size
Standard_A3
```

Plusieurs dizaines de paramètres sont fournis avec la commande **az vm create**, n'hésitez pas à consulter le "Help" pour en savoir plus sur chaque sous-commande /paramètre : **az vm create -h**

Redéployer une VM Azure

Pour redéployer une VM Azure, la commande **az vm redeploy** est utilisée.

Dans l'exemple suivant, la VM "hk-lab-dc1" sera redéployé :

```
az vm redeploy -n hk-lab-dc1 -g hk-prod-rg
```

```
C:\WINDOWS\system32\cmd.exe - az vm redeploy -n hk-lab-dc1 -...    —    □    ×

C:\>az vm redeploy -n hk-lab-dc1 -g hk-prod-rg
 - Running ...
```

Une VM dont les ressources ont été désallouées (VM Deallocated) ne peut être redéployée (clonée), vous devez donc vous assurer que la VM que vous souhaitez redéployer est bien démarrée, sinon le message d'erreur suivant vous est retourné :

```
C:\WINDOWS\system32\cmd.exe                           —    □    ×

C:\>az vm redeploy -n hk-lab-dc1 -g hk-prod-rg
Operation 'redeploy' is not allowed on VM 'hk-lab-dc1' since the
VM is either deallocated or marked to be deallocated.

C:\>_
```

Générer un Template d'une VM Azure

Si vous voulez créer un VM Template à partir d'une VM Azure existante, la commande **az vm capture** doit être utilisée.

La capture de la VM se fait en trois étapes :

- **Désallouer la VM**
- **Généraliser la VM**
- **Capturer la VM**

Dans l'exemple suivant, nous allons générer une VM Template à partir de la VM "hk-lab-dc1" du groupe de ressource hk-prod-rg, les commandes à exécuter sont les suivantes :

az vm deallocate -n hk-lab-dc1 -g hk-prod-rg

az vm generalize -n hk-lab-dc1 -g hk-prod-rg

az vm capture -n hk-lab-dc1 -g hk-prod-rg --vhd-name-prefix dc-template

Si vous parcourez le compte de stockage hébergeant les fichiers (VHDs) de votre VM "Source", vous constaterez l'apparition de deux nouveaux fichiers : fichier .vhd et son fichier .json associé. Ces deux fichiers se trouvent dans : **Compte de stockage > Conteneurs > System > Microsoft.Compute > Images > vhds**

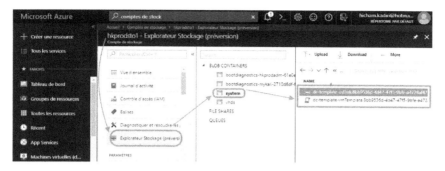

Le fichier **dc-template-vmTemplate.XXXXXXXX** peut désormais être utilisé pour provisionner de nouvelles VMs Azure.

Ouvrir un port spécifique sur une VM Azure

Si votre VM fera (par exemple) office de Serveur Web, et que vous avez besoin d'ouvrir le port 443 (HTTP**S**), la commande suivante est à exécuter :

```
az vm open-port -n hk-prod-iis1 -g hk-prod-rg --port 443
```

Cette commande ne configure pas les règles NSG (Network Security Groups). Si la carte NIC de votre VM Azure est associée/attachée à un NSG, une nouvelle règle doit être créée et configurée pour autoriser un type de trafic spécifique (sortant ou entrant).

**Cette page est laissée vide
intentionnellement.**

Chapitre 9. Créer et gérer les comptes de Stockage Azure

Rappel sur les « Comptes de Stockage Azure »

Le Stockage Azure (ou Azure Storage) est un service Cloud fourni et géré par Microsoft, il vous permet de stocker vos données sur un emplacement (Public Cloud Storage) sécurisé, fiable, Scalable et hautement disponible.

Le stockage Azure se compose de trois services de données :

- Le stockage d'objets Blob (Blog Storage)
- Le stockage de fichiers (File Storage)
- Le stockage de files d'attente (Queue Storage)

Pour en savoir plus sur le Stockage Azure et les différents services de données, je vous invite à consulter l'article suivant : http://urlz.fr/76s7

En ce qui concerne la tarification/pricing « Azure Storage », celle-ci à l'URL suivante : http://urlz.fr/76s8

Pour utiliser les services fournis par le stockage Azure (stockage d'objets blob, stockage de fichiers et stockage de files d'attente), vous devez simplement créez un compte de stockage, puis transférez vos données vers/à partir d'un service spécifique dans ce compte de stockage.

Notez qu'il existe deux types de comptes de stockage Azure :

- Comptes de stockage à usage général (**General Purpose**)
- Comptes de stockage d'objets blob (**Blob Storage**)

Si vous n'êtes pas encore familier avec les différents types de comptes de Stockage Azure, je vous invite à consulter cet article : http://urlz.fr/76s9

Commande Az CLI à utiliser

La commande Azure CLI 2.0 qui vous permet de créer et gérer les comptes de Stockage Azure **az stockage account**

Syntaxe & Help

Exécutez la commande suivante pour afficher toutes les sous-commandes et paramètres disponibles avec la commande storage account :

az storage account -h

```
"eBook Azure CLI 2.0 | BecomeITExpert.com"                           —   □   ×

C:\>az storage account -h

Group
    az storage account: Manage storage accounts.

Subgroups:
    keys                    : Manage storage account keys.
    network-rule            : Manage network rules.

Commands:
    check-name              : Checks that the storage account name is valid and is not already in use.
    create                  : Create a storage account.
    delete                  : Delete a storage account.
    generate-sas            : Generates a shared access signature for the account.
    list                    : List storage accounts.
    show                    : Show storage account properties.
    show-connection-string: Get the connection string for a storage account.
    show-usage              : Show the current count and limit of the storage accounts under the
                              subscription.
    update                  : Update the properties of a storage account.

C:\>
```

Lister tous les comptes de stockages Azure existants

Pour lister tous les comptes de stockages Azure existants, saisissez la commande suivante :

az storage account list -o table

Créer un nouveau compte de Stockage Azure

Pour un nouveau compte de Stockage Azure, la commande **az storage account create est** utilisée.

Dans l'exemple suivant, un nouveau compte de stockage à usage général avec un stockage localement redondant (**LRS** : **L**ocally **R**edundant **S**torage) sera créé :

```
az storage account create -n hkprodstor1 -g hk-prod-
rg -l WestEurope --sku Standard_LRS
```

Enfin, notez que vous pouvez vérifier si un nom est déjà attribué à un compte de stockage existant.

Dans l'exemple suivant, nous allons vérifier la disponibilité du nom hkprodstor1 :

```
az storage account check-name --name hkprodstor1
```

Afficher les propriétés d'un Compte de Stockage Azure

Pour afficher les propriétés d'un compte de stockage Azure spécifique, la commande **az storage account show** est utilisée.

Dans l'exemple suivant, nous allons afficher les propriétés du compte de stockage **hkprodsto1** (faisant parti du groupe de ressource **hk-prod-rg**) :

```
az storage account show -n hkprodsto1 -g hk-prod-rg
```

Afficher la chaine de connexion d'un Compte de Stockage Azure

Pour afficher la chaine de connexion d'un compte de stockage Azure spécifique, la commande **az storage account show-connection-string** est utilisée.

Dans l'exemple suivant, nous allons afficher la chaine de connexion du compte de stockage **hkprodsto1** (faisant parti du groupe de ressource **hk-prod-rg**) :

```
az storage account show -n hkprodsto1 -g hk-prod-rg
```

Afficher le nombre de comptes de Stockage créés au niveau de votre abonnement Azure

La commande storage account fournie un paramètre qui vous permet de connaître le nombre de comptes de stockages créés mais aussi le nombre maximal de comptes que vous pouvez créer/héberger sur votre abonnement Azure.

La commande à utiliser est la suivante :

Az storage account show-usage

Dans l'exemple suivant, il est indiqué que seuls trois comptes de stockages sont créés sur mon abonnement Azure, de plus, 200 comptes (max) peuvent être créés.

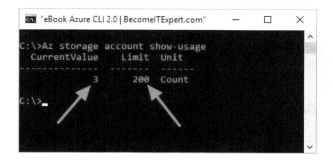

Mettre à jour (Updater) les propriétés d'un compte de Stockage Azure

Pour mettre à jour les propriétés d'un compte de Stockage Azure, la commande **az storage account update** est utilisée.

Dans l'exemple suivant, nous mettrons à jour les propriétés du compte de Stockage hkprodsto1 qui fait partie du groupe de ressource « hk-prod-rg » :

az storage account update -n hkprodsto1 -g hk-prod-rg

Supprimer un compte de Stockage Azure

Pour supprimer un compte de Stockage Azure, la commande **az storage account delete** est utilisée.

Dans l'exemple suivant, le compte de stockage hkprodstor1 sera supprimé :

`Az storage account delete -n hkprodstor1 -g hk-prod-rg`

Chapitre 10. Créer et gérer les Groupes de sécurité réseau Azure (NSG)

Rappel sur les « NSG »

Azure **NSG** (**N**etwork **S**ecurity **G**roups) ou Groupes de Sécurité Réseau vous permettent de contrôler (autoriser ou refuser) le trafic entrant et sortant depuis et vers vos ressources Azure.

Les NSG sont basées sur des listes de règles de sécurité que vous créez/définissez manuellement. Notez que lors de la création d'un NGS, des règles par défaut sont générées automatiquement pour sécuriser certains trafics réseaux. Ces règles peuvent être bypassées en mettant en place des règles personnalisées.

Si vous n'êtes pas encore familier avec les NSG, je vous invite à consulter l'article suivant :
http://urlz.fr/76Pa

Commande Az CLI à utiliser

La commande Azure CLI 2.0 qui vous permet de créer et gérer les NSG Azure est **az network nsg**

Syntaxe & Help

Exécutez la commande suivante pour afficher toutes les sous-commandes et paramètres disponibles avec la commande network nsg :

123

Az network nsg -h

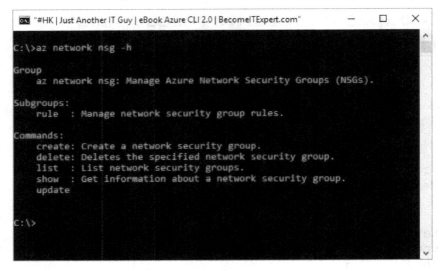

Lister tous les NSG existants

Pour lister tous les NSG existants, la commande suivante est utilisée :

Az network nsg list -o table

Créer un nouveau NSG

Pour créer un nouveau NSG, la commande **az network nsg create** est utilisée.

Dans l'exemple suivant, un nouveau NSG nommé « hkprodnsg1 » sera créé et placé dans le groupe de ressource « hk-prod-rg », il sera hébergé dans la région Europe de l'Ouest :

```
az network nsg create -n hkprodnsg1 -g hk-prod-rg -l
WestEurope
```

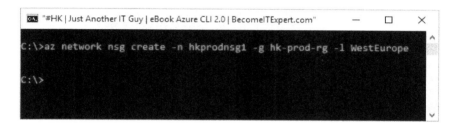

Créer vos règles NSG

Pour créer et gérer vos règles NSG, la sous-commande **az network nsg rule** est utilisée.

Pour afficher tous les paramètres et options disponibles associées à cette commande, exécutez la commande suivante :

```
az network nsg rule -h
```

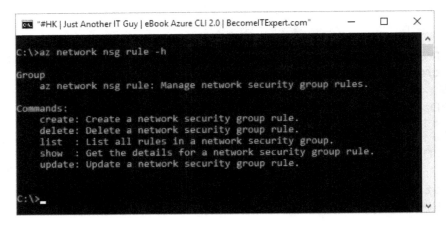

Pour créer une nouvelle règle au niveau du NSG « hkprodnsg1 » autorisant le trafic entrant HTTPS (port 443), la commande suivante est utilisée :

```
az network nsg rule create -g hk-prod-rg --nsg-name
hkprodnsg1 -n HTTPS_443_IN --priority 100 --source-
port-ranges 443 --destination-port-ranges 443 --
direction Inbound --access Allow
```

Pour créer une nouvelle règle NSG autorisant le trafic sortant SQL (port 1433), la commande suivante est utilisée :

```
az network nsg rule create -g hk-prod-rg --nsg-name
hkprodnsg1 -n SQL_1433_IN --priority 101 --source-
port-ranges 1433 --destination-port-ranges 1433 --
direction Inbound --access Allow --protocol Tcp
```

Pour lister toutes les règles NSG (règles du NSG hkprodnsg1 dans l'exemple suivant) , la commande suivante est utilisée :

```
az network nsg rule list --nsg-name hkprodnsg1 -g
hk-prod-rg -o table
```

Pour supprimer une règle NSG (SQL_1433_IN dans l'exemple suivant), la commande suivante est utilisée :

```
az network nsg rule delete -n SQL_1433_IN --nsg-name
hkprodnsg1 -g hk-prod-rg
```

Afficher les Propriétés d'un NSG

Pour afficher les propriétés d'un NSG existant, la commande **az network nsg show** est utilisée.

Dans l'exemple suivant, les propriétés du NSG « **hkprodnsg1** » faisant partie du groupe de ressource « **hk-prod-rg** » seront affichées :

`Az network nsg show -n hkprodnsg1 -g hk-prod-rg`

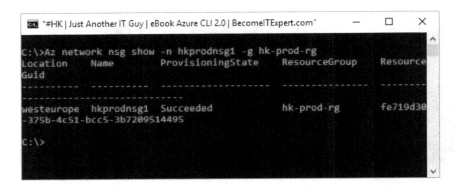

Mettre à jour (Updater) les propriétés d'un NSG

Pour mettre à jour les propriétés d'un NSG, la commande suivante est utilisée :

`Az network nsg update -n hkprodnsg1 -g hk-prod-rg`

```
"#HK | Just Another IT Guy | eBook Azure CLI 2.0 | BecomeITExpert.com"     —    □    ×

C:\>Az network nsg update -n hkprodnsg1 -g hk-prod-rg
Location     Name          ProvisioningState     ResourceGroup      Resource
Guid
----------   ----------    --------------------  ----------------   --------
--------------------------------
westeurope  hkprodnsg1  Succeeded                 hk-prod-rg          fe719d30
-375b-4c51-bcc5-3b7209514495

C:\>_
```

Notez qu'après toute modification d'une ou plusieurs propriétés d'un NSG, cette commande doit être exécutée pour que toutes les dernières modifications soient récupérées et stockées dans les propriétés du NSG.

Supprimer un NSG

Pour supprimer un NSG, la commande suivante est utilisée :

Az network nsg delete -n hkprodnsg1 -g hk-prod-rg

```
"#HK | Just Another IT Guy | eBook Azure CLI 2.0 | Becom...     —    □    ×

C:\>Az network nsg delete -n hkprodnsg1 -g hk-prod-rg
/ Finished ..
C:\>
```

**Cette page est laissée vide
intentionnellement.**

Chapitre 11. Gérer la facturation Azure

Pour pouvoir suivre votre consommation des différentes ressources Cloud Azure, Microsoft à votre disposition plusieurs outils de suivi de cette partie « Facturation/Billing ».

L'interface Azure CLI 2.0 fournie une commande qui vous permet de consulter et afficher des informations sur vos factures Azure.

Commande Az CLI à utiliser

La commande Azure CLI 2.0 qui vous permet de consulter et suivre vos factures Azure est **az billing**

Syntaxe & Help

Exécutez la commande suivante pour afficher toutes les sous-commandes et paramètres disponibles avec la commande billing :

az billing -h

```
■ "eBook Azure CLI 2.0 | BecomeITExpert.com"          —   □   ×

C:\>az billing -h

Group
    az billing: Manage Azure Billing.

Subgroups:
    invoice: Get billing invoices for a subscription.
    period : Get billing periods for a subscription.


C:\>_
```

Lister toutes les factures disponibles au niveau de votre Abonnement Azure

Pour lister toutes vos factures Azure disponibles, exécutez la commande suivante :

Az billing invoice list

```
■ "eBook Azure CLI 2.0 | BecomeITExpert.com"          —   □   ×

C:\>az billing invoice list
InvoicePeriodEndDate      InvoicePeriodStartDate      Name
------------------------  ------------------------    ------------------------
2018-03-19                2018-02-20                  201804-118895190555366
2018-02-19                2018-01-20                  201803-118742150517069
2018-01-19                2017-12-20                  201802-118090150498978
2017-12-19                2017-11-20                  201801-417473190500634
2017-11-19                2017-10-20                  201712-417363190482647
2017-10-19                2017-09-20                  201711-417691190463818
2017-09-19                2017-08-20                  201710-317716150429015
2017-08-19                2017-07-20                  201709-317615190433461
2017-07-19                2017-06-20                  201708-317915190420168
2017-06-19                2017-05-20                  201707-217665190404948
2017-05-19                2017-04-20                  201706-217612150370090
2017-04-19                2017-03-20                  201705-217628150357380
2017-03-19                2017-02-20                  201704-117808150337514
2017-01-19                2016-12-20                  201702-117603190330324
2016-12-19                2016-11-20                  201701-416215190314957

C:\>
```

Afficher la dernière facture disponible pour votre abonnement Azure

Exécutez la commande suivante pour afficher la dernière facture disponible pour votre abonnement Azure :

`az billing invoice show`

Notez que vous pouvez aussi obtenir des informations sur la facturation Azure en réalisant une recherche basée sur une période spécifique.

Cela peut se faire via l'utilisation de la sous-commande **az billing <u>period</u>**

Cette page est laissée vide intentionnellement.

Chapitre 12. Utiliser des requêtes JMESPath avec Azure CLI 2.0

Azure CLI 2.0 est fournie avec un paramètre (argument global) disponible avec toutes les commandes de l'interface. Il s'agit du paramètre **--query**

Les arguments globaux sont décrits dans le sous-chapitre « **Liste des arguments Globaux** » du chapitre 3. Démarrer avec Azure CLI 2.0

L'interface CLI 2.0 utilise l'argument --query pour exécuter des requêtes JMESPath sur les résultats post-exécution retournés par les commandes.

JMESPath est un langage de requête pour JSON, il vous permet de sélectionner et de présenter des données depuis une sortie CLI.

Ces requêtes sont exécutées sur la sortie JSON, avant de réaliser toute mise en forme d'affichage.

Pour en savoir plus sur le langage JMESPath, je vous invite à consulter le site officiel ci-dessous, il contient aussi une rubrique avec des tutoriels et des exemples de requêtes : **http://jmespath.org/**

Comment utiliser l'argument --query

Plusieurs exemples sont fournis sur le service docs de Microsoft.

Je vous invite à consulter la page suivante pour prendre connaissance des exemples (scénarios real-world) montrant d'utilisation du langage JMESPath :

http://urlz.fr/79F2

De plus, je vous recommande la lecture des tutoriels disponibles sur le site officiel de JMESPath :

http://jmespath.org/tutorial.html

Le sujet étant out-of-scope de l'eBook, je ne vais malheureusement pas le traiter ici car ce n'est pas le but. Si toutefois vous avez des questions ou avez besoin d'aide pour construire des requêtes JMESPAth spécifique, n'hésitez pas à me contacter par E-mail.

Cette page est laissée vide intentionnellement.

Chapitre 13. Quelques scripts d'automation Azure CLI 2.0

Scripts pour Machines Virtuelles

Les liens suivants présentent deux scripts sur la création de VM Azure :

- 1er Script : création de VM Basique :
  - https://docs.microsoft.com/fr-fr/azure/virtual-machines/scripts/virtual-machines-linux-cli-sample-create-vm-quick-create?toc=%2fcli%2fazure%2ftoc.json

- 2ème Script : création de VM hautement disponible :
  - https://docs.microsoft.com/fr-fr/azure/virtual-machines/scripts/virtual-machines-linux-cli-sample-nlb?toc=%2fcli%2fazure%2ftoc.json

Scripts Pour Web Apps

Créer une application web et déployer des fichiers par FTP

Le script détaillé dans l'article suivant crée une application web dans App Service avec les ressources associées, puis déploie une page HTML statique par FTP :

https://docs.microsoft.com/fr-fr/azure/app-service/scripts/app-service-cli-deploy-ftp?toc=%2fcli%2fazure%2ftoc.json

138

Créer une application web avec un déploiement à partir de GitHub

Le script détaillé dans l'article suivant crée une application web dans App Service avec ses ressources associées. Il déploie ensuite le code de votre application web à partir d'un référentiel GitHub public :

https://docs.microsoft.com/fr-fr/azure/app-service/scripts/app-service-cli-deploy-github?toc=%2fcli%2fazure%2ftoc.json

Scripts pour les Bases de données (SQL, CosmosDB, MySQL, PostgreSQL)

Créer une seule base de données Azure SQL et configurer une règle de pare-feu

Le script détaillé dans l'article suivant crée une base de données SQL Azure et configure une règle de pare-feu au niveau du serveur. Une fois que le script a été exécuté avec succès, l'instance SQL Database est accessible à partir de tous les services Azure et l'adresse IP configurée :

https://docs.microsoft.com/fr-fr/azure/sql-database/scripts/sql-database-create-and-configure-database-cli?toc=%2fcli%2fazure%2ftoc.json

Autres scripts Azure CLI 2.0

D'autres exemples de scripts Azure CLI 2.0 sont disponibles sur l'espace Github suivant :

https://github.com/Azure/azure-cli-samples

Cette page est laissée vide intentionnellement.

Chapitre 14. Azure CLI 2.0 : Troubleshooting

L'interface Azure CLI 2.0 fournie deux paramètres qui vous permettent de diagnostiquer et troubleshooter vos commandes et scripts CLI 2.0

Il s'agit des paramètres :

Paramètre	Description
--verbose	Affiche des informations sur les ressources créées lors de réalisation d'une opération de Provisionning de ressource ARM
--debug	Affiche des informations toutes les opérations exécutées. Ce paramètre représente le principal outil de diag que vous pouvez utiliser si vous rencontrez des problèmes d'exécution de certaines commandes ou scripts basés sur la CLI 2.0

Dans l'exemple suivant, nous allons exécuter une commande pour créer un nouveau Groupe de Ressource et allons indiquer à l'interface CLI 2.0 de réaliser cette opération en mode « Debug » en spécifiant le paramètre --debug

```
Az group create -n hk-test-rg -1 WestEurope --debug
```

Comme illustré dans la capture d'écran ci-dessus, toutes les opérations réalisées (chargement de modules installés, listing des commandes disponibles...etc) sont listées sur votre interface CLI.

Cela vous permettra d'identifier le niveau de blocage si toutefois une de vos commandes ne s'exécute pas correctement.

Cette page est laissée vide
intentionnellement.

Chapitre 15. Microsoft souhaite avoir votre avis sur l'interface Azure CLI

Donnez votre avis sur Azure CLI 2.0

L'équipe Azure CLI Corp a récemment introduit une nouvelle commande nommée « feedback » pour permettre aux différents utilisateurs d'Azure CLI 2.0 de donner leur avis et participer à l'amélioration de cette interface.

Je vous recommande l'exécution de la commande suivante et la participation à ce programme (les données sont envoyées en mode 'Anonyme'), cela permettra une amélioration continue de l'interface CLI, l'introduction de nouvelles commandes/fonctionnalités ou simplement correction d'éventuels Bugs rencontrés.

Az feedback

Si vous souhaitez rester informé des dernières updates/publications/nouveautés introduites à Azure CLI 2.0, vous pouvez renseigner votre adresse E-mail (dernière étape de l'assistant « Feedback ») pour recevoir ce type d'information à temps

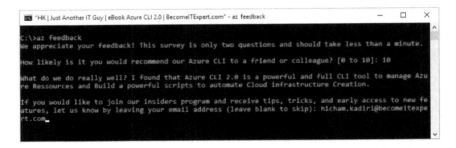

A propos de l'auteur

Hicham KADIRI (aka #HK) est un Réel passionné (GeeK) des nouvelles technologies, et plus particulièrement des technologies Microsoft.

#HK est :

- ➡ Co-fondateur d'une ESN Française spécialisée le Cloud Computing (Azure et AWS), Infrastructure Management et Cybersécurité : www.k-nd-k-group.com

- ➡ Fondateur de la e-Librairie BecomeITExpert : BecomeITExpert.com

- ➡ Blogueur sur : hichamkadiri.wordpress.com becomewindowscmdlinespecialist.wordpress.com AsktheCloudExpert.wordpress.com

- ➡ **MTFC** (**M**icrosoft **T**echnical **F**rench **C**ontributor) sur Microsoft TechNet : http://urlz.fr/4QiV

- ➡ Microsoft **MVP** (**M**ost **V**aluable **P**rofessional) depuis 2014 | Nomination sur différents domaines de compétences : Cloud & Datacenter Management | Expertise Windows Client & Server | RDS : http://urlz.fr/78dW

#HK intervient en tant que Cloud Architect /Technical Leader pour les clients grands comptes nationaux et internationaux de K&K Group (Thales, Gemalto, Rabobank, Areva…). Enfin, il transmet au lecteur à travers ce livre, toute son expertise et retours d'expérience sur la nouvelle Interface Azure CLI 2.0

145

Découvrez mes autres Books /eBooks

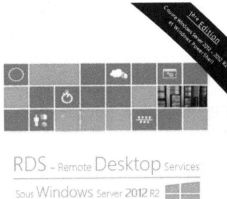

D'autres eBooks sont disponibles sur : https://BecomeITExpert.com